高等学校"十四五"学前教育专业精品教材

XUEQIAN ERTONG
GANJUE TONGHE
XUNLIAN

学前儿童感觉统合训练

主　编　南姣鹏
副主编　田　茵

南京大学出版社

图书在版编目(CIP)数据

学前儿童感觉统合训练 / 南姣鹏主编. — 南京：南京大学出版社，2025.7. — ISBN 978-7-305-29277-4

Ⅰ. G768

中国国家版本馆 CIP 数据核字第 2025E2J779 号

出版发行	南京大学出版社
社　　址	南京市汉口路 22 号　邮　编 210093

书　　名 学前儿童感觉统合训练
　　　　　XUEQIAN ERTONG GANJUE TONGHE XUNLIAN
主　　编 南姣鹏
责任编辑 丁　群　　　　　　　编辑热线 025-83597482
照　　排 南京南琳图文制作有限公司
印　　刷 南京京新印刷有限公司
开　　本 787 mm×960 mm　1/16　印张 6.75　字数 109 千
版　　次 2025 年 7 月第 1 版　2025 年 7 月第 1 次印刷
ISBN 978-7-305-29277-4
定　　价 30.00 元

网址：http://www.njupco.com
官方微博：http://weibo.com/njupco
官方微信号：NJUyunshu
销售咨询热线：(025) 83594756

* 版权所有，侵权必究
* 凡购买南大版图书，如有印装质量问题，请与所购
　图书销售部门联系调换

前 言

在儿童成长的旅程中,学前阶段作为奠定身心发展的关键时期,对孩子的未来有着深远影响。近年来,随着神经心理学与感觉统合理论的不断发展,感觉统合训练对学前儿童的重要性愈发凸显。研究表明,我国存在不同程度感觉统合失常的儿童,占比达10%～30%,感觉统合不足不仅会导致幼儿出现好动不安、注意力不集中等行为问题,还可能对其学习能力、社交能力的发展造成阻碍,影响他们一生的成长轨迹。

感觉统合训练,本质上是大脑和身体相互协调的学习过程。通过对幼儿前庭、肌肉、关节等多方面的刺激训练,能够有效提升幼儿的运动协调能力,稳定情绪,增强注意力。鉴于此,我们精心编写了这本《学前儿童感觉统合训练》教材,旨在为学前教育工作者、家长提供科学、系统且实用的教学参考。

本教材系统梳理了感觉统合理论的发展脉络,从艾尔丝博士在20世纪70年代提出的感觉统合理论,到我国对这一理论的引入与推广,帮助使用者对其有全面的认识。教材深入剖析了前庭觉、触觉、本体觉等各类感觉系统对幼儿成长的作用,以及感觉统合失调的具体表现与成因,为准确判断幼儿的感统发展状况提供理论支持。

在内容编排上,本教材兼具理论性与实践性。一方面,教材系统介绍前庭觉、本体觉、触觉等发育的特点及基本理论知识;另一方面,本教材通过对感觉统合训练器材的梳理,详细阐述并介绍感统训练器材的使用方法,方便使用者参考借鉴。

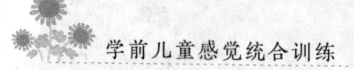

本书编写分工如下：第一章由咸阳职业技术学院吴文青编写，第二章、第三章由天水师范学院田茵编写，第四章、第五章由咸阳师范学院南姣鹏编写。

我们深知，编写一本优质的学前儿童感觉统合训练教材并非易事，尽管我们全力以赴，但难免存在不足之处。在此，恳请广大读者提出宝贵意见和建议，以便我们不断完善教材内容，为学前儿童的健康成长贡献更多力量。希望这本教材能成为学前教育领域的得力助手，助力每一个孩子在感觉统合训练中收获健康、快乐与自信，开启美好的未来。

目 录

第一章 绪论 ·· 001
　第一节 感觉统合概述 ··· 001
　　一、感觉统合的概念及分类 ····································· 001
　　二、感觉统合能力的发展 ·· 003
　　三、感觉统合机制 ··· 005
　第二节 感觉统合失调 ··· 006
　　一、感觉统合失调的基本含义 ·································· 006
　　二、感觉统合失调的主要表现 ·································· 007
　　三、感觉统合失调的成因 ·· 007
第二章 学前儿童前庭觉训练的基本原理及实操技术 ········ 021
　第一节 学前儿童前庭觉训练的基本原理 ···················· 021
　　一、概述 ··· 021
　　二、学前儿童前庭觉失调的表现及影响 ···················· 025
　第二节 学前儿童前庭觉训练的实操技术 ···················· 026
　　一、旋转类训练 ·· 027
　　二、摇荡类训练 ·· 031
　　三、骤起急停类训练 ··· 035
　　四、跳跃类训练 ·· 037
　　五、平衡姿势反应类训练 ······································· 042
　　六、滚动类训练 ·· 047
　　七、组合类训练 ·· 049
　　八、徒手训练 ··· 049

九、日常生活训练 ………………………………………… 050

第三章　学前儿童本体觉训练的基本原理及实操技术 ……… 051
第一节　学前儿童本体觉训练的基本原理 …………………… 051
　　一、概述 …………………………………………………… 051
　　二、学前儿童本体觉失调的表现及影响 ………………… 053
第二节　学前儿童本体觉训练的实操技术 …………………… 055
　　一、球类训练 ……………………………………………… 056
　　二、滚筒类训练 …………………………………………… 059
　　三、平衡木类训练 ………………………………………… 062
　　四、其他器械训练 ………………………………………… 064
　　五、徒手训练 ……………………………………………… 073
　　六、日常生活训练 ………………………………………… 073

第四章　学前儿童触觉训练的基本原理及实操技术 …………… 074
第一节　学前儿童触觉训练的基本原理 ……………………… 074
　　一、概述 …………………………………………………… 074
　　二、学前儿童触觉失调的表现及影响 …………………… 076
第二节　学前儿童触觉训练的实操技术 ……………………… 079
　　一、球类训练 ……………………………………………… 079
　　二、滚筒类训练 …………………………………………… 084
　　三、球池训练 ……………………………………………… 086
　　四、徒手训练 ……………………………………………… 088
　　五、日常生活训练 ………………………………………… 088

第五章　学前儿童视听觉的基本理论及实操技术 ……………… 089
第一节　学前儿童视听觉训练的基本原理 …………………… 089
　　一、概述 …………………………………………………… 089
　　二、学前儿童视听觉失调的表现及影响 ………………… 093
第二节　学前儿童视听觉训练的实操技术 …………………… 095

参考文献 …………………………………………………………… 101

第一章 绪 论

《幼儿园教育指导纲要(试行)》指出:"幼儿园教育应尊重幼儿的人格和权利,尊重幼儿身心发展的规律和学习特点,以游戏为基本活动,保教并重,关注个别差异,促进每个幼儿富有个性的发展。"《中国儿童发展纲要(2021—2030)》指出:"儿童是国家的未来、民族的希望。当代中国少年儿童既是实现第一个百年奋斗目标的经历者、见证者,更是实现第二个百年奋斗目标、建设社会主义现代化强国的主力军。促进儿童健康成长,能够为国家可持续发展提供宝贵资源和不竭动力,是建设社会主义现代化强国、实现中华民族伟大复兴中国梦的必然要求。党和国家始终高度重视儿童事业发展,先后制定实施三个周期的中国儿童发展纲要,为儿童生存、发展、受保护和参与权利的实现提供了重要保障。"随着我国教育现代化的推进,儿童健康成长的新时代使命及要求较之以往有了更深刻的内涵,感觉统合作为儿童一切学习能力形成的基础对儿童的认知、语言、行为、情绪和社会性等发展至关重要。

第一节 感觉统合概述

一、感觉统合的概念及分类

儿童早在出生前就已经开始各种感觉功能的发展,出生后的新生儿具有相当的感觉能力,但他们还无法很好地组织这些感觉,并形成对个体自身和客体的有意义认识。在儿童早期发育中,一方面,各种感觉功能不断发展和完善;另一方面,各种感觉系统之间在功能上不断协调和整合,以便多角度、更全面地认识各种刺激。认识人的感觉系统间的协调和整合是构建感觉统合理论的基础。

(一) 感觉统合的概念

感觉统合(Sensory Integration,简称 SI)是指脑对个体从视、听、触、本体、前庭等不同感觉通路输入的感觉信息进行选择、解释、联系和统整的神经心理过程,是个体进行日常生活、学习和工作的基础。

感觉统合是一个信息加工过程,在这个过程中,大脑要以灵活、不断变化的方式对各种感觉信息进行比较和选择,从而做出综合判断,形成可以执行的指令。因此,感觉统合不只是感觉器官感受刺激的过程,更是大脑对感觉信息整合加工的过程。只有经过感觉统合,神经系统的不同部分才能整体协调工作,使个体与环境顺利接触。感觉统合能力是较任何单一感觉能力更为高级、更为复杂的能力,影响着个体学习、生活的各个方面。感觉统合不足或感觉统合失调会影响大脑各功能区、感觉器官及身体的协调发挥,引发学习、生活等方面的问题。

(二) 感觉统合的分类

根据大脑皮层各高级加工区域在感觉统合中的参与程度,感觉统合分为低位统合和高位统合。

低位统合是指脑干、小脑对各感觉信息(包括反馈信息)的初步分析与统整,涉及各感觉系统间以及感觉系统与动作的协调与统合,如视听信息整合、眼手协调、身体不同运动器官的协调、身体姿势的反馈调节、注意力集中等,它是一般意义上的感觉统合。

高位统合是指大脑皮质及皮层下神经结构进行的认知、言语、情绪以及记忆等心理活动与低位感觉信息的沟通、组织和概括等,如注意力调控、动作企划、自我控制,以及概括、推理、判断等学习活动的结构化、程序化、整体化、自动化、顺应性及同化等。高位统合已不是一般意义上的感觉统合,而属感知统合,是个体有序高效地进行学习、创造等复杂的内外活动的基础,是感觉统合训练的最终追求。

> **资料卡片**
>
> 现在很多幼儿学习弹钢琴,在初学时看琴谱,手指触键,听自己的弹奏效果,但学琴到了一定的熟练程度,幼儿可以不看琴键就能准确弹奏,并且追求身体姿势和弹奏手型的美感。弹奏者通过感觉统合,将视觉、触觉、听觉、本体觉等感觉信息组合起来,感觉统合能力越强,弹奏效果相应就会越好。

二、感觉统合能力的发展

人的感觉统合能力是与生俱来的,并随个体的成熟和年龄的增长而不断提高。感觉统合从单纯的感觉刺激统合发展到脑干的初级感觉统合,再发展到大脑皮质及皮下神经的高级感觉统合,这一发展过程虽然是连续的,但也会呈现出一定的阶段性,并与中枢神经系统的发展阶段相一致。感觉统合的概念最先由英国生理学家C.S.谢林顿提出,在此基础上,临床心理学家珍·艾尔丝博士系统地提出了感觉统合理论以及治疗感觉统合失调的原则与方法。[①] 艾尔丝认为,根据中枢神经系统的发展阶段,儿童感觉统合能力的发展大致可以分为三个阶段。

(一)初级感觉统合阶段(1~2岁)

初级感觉统合阶段发生在婴幼儿期。此时,婴幼儿大脑的重量只有925~1 064克,脑细胞刚刚长出许多突起,分出侧枝,逐渐形成专用的神经通道。多个领域的基本功能初步发展。知觉通过多种感觉整合后形成,具有了与外界进行互动的感觉、认知、言语、动作等基本能力。这时候,通过一定的身体活动或动作练习,可以使婴幼儿本体觉、前庭觉、触觉、视觉和听觉得到一定的发展,身体活动平衡和手眼动作协调等得到促进和发展。

---

① 刘军,肖建忠.感觉统合课程化理论与实践[M].广州:广东高等教育出版社,2018:1.

（二）中级感觉统合阶段（3~5岁）

中级感觉统合阶段发生在幼儿期。此时，幼儿大脑的重量为1 000~1 200 克，专门的神经系统通路随着感觉整合能力的加强而增多，并与大脑的五个语言区的发展联系起来。感觉器官基本发展完善，相应的中枢神经系统继续发展，本体觉、前庭觉、触觉、视觉和听觉以及躯体运动等各个系统开始能够很好地完成本系统所承担的任务，并在系统内部实现协调，为感知觉的迅速发展提供了生理前提。来自感觉器官的适宜刺激传送到大脑的相应区域，经大脑整合后产生注意力、记忆力，并形成对事物的学习经验和认知评价。与初级感觉统和阶段相比，在中级感觉统合阶段，幼儿情绪的发展也更加稳定，基本可以满足学习和社会化的需要。中级感觉统和阶段是各种基本能力（如小肌肉动作能力、书面语言能力、初步的思维能力等）发展的关键阶段，也是感觉统合能力功能发展的关键阶段。[①]

（三）高级感觉统合阶段（6~10岁）

高级感觉统合阶段发生在儿童早期。此时，儿童大脑的重量是1 200~1 300 克，已经接近于成人大脑的重量了。在这个时期，运动器官的生理机能进一步得到提高，物质能量代谢水平进一步增强，感觉器官及中枢神经系统的结构基本成熟，趋近于稳定的成人水平。大脑的高级功能进一步发展，大脑左右两半球的功能出现单侧化——大脑右半球具有情绪控制、空间定位等思维优势；而大脑左半球具有语言能力以及逻辑运算等思维优势，表现为注意力、学习能力、记忆力、言语语言能力、自我控制能力等多种高级心理能力的增强。同时，大脑各个功能区信息加工能力的自动化水平以及区域间的信息整合和协调能力也发展到相当高的水平，可以有效控制低位中枢以及外周器官的活动。这时，儿童已经可以完成复杂的动作技能和认知思维活动了。

---

① 王和平.特殊儿童的感觉统合训练[M].北京：北京大学出版社，2019：7.

三、感觉统合机制

感觉统合本质上就是人体对内外环境信息的加工整合过程。个体对信息处理过程由"信息输入—信息加工与反馈—信息输出"三个环节组成（如图1-1所示）。其中感觉统合发生在"信息加工与反馈"环节。

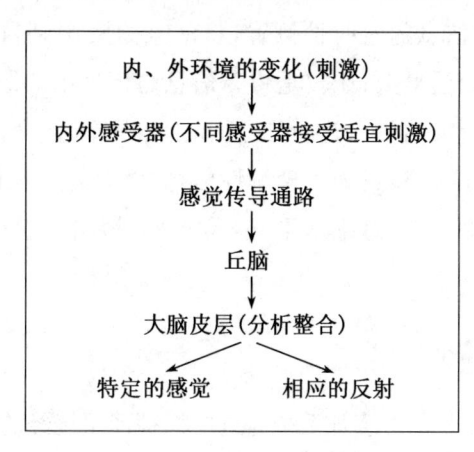

```
内、外环境的变化(刺激)
         ↓
内外感受器(不同感受器接受适宜刺激)
         ↓
     感觉传导通路
         ↓
        丘脑
         ↓
   大脑皮层(分析整合)
      ↙        ↘
  特定的感觉   相应的反射
```

图1-1　感觉统合过程

（一）信息输入

内外环境中的适宜刺激直接作用于人体的感觉器官，对应的感觉器接受这些刺激并将其转化为神经冲动，经过特定的感觉传导通路传入中枢神经系统。这一环节主要是感受器"感受刺激"的生理过程。

环境中的光刺激、声刺激、机械刺激、化学刺激、地球引力刺激等作用于人体的眼、耳、鼻、舌、皮肤、骨骼、肌肉、关节、半规管、前庭囊等感觉器官。

面对当前复杂多样的适宜刺激，每一类感觉器官并不具备筛选功能，而是在中枢神经系统的调控下接受刺激。感觉器官及其感觉传导如果存在功能障碍，将直接影响到信息的输入和后续的加工整合过程，造成感觉失调。

（二）信息加工与反馈

信息加工与反馈环节主要发生在中枢神经系统。中枢神经系统是一座巨大的信息加工厂，其中大脑是"司令部"。上一个环节中单个或多个感觉器官同时、相继、连续、间歇接收并传导的信息都将在此汇总。中枢神经系统需要将这些庞杂的信息进行选择、分析、组织,形成整体认识(知觉),并做出相应决策。信息加工过程还伴随着对"感觉输入"的自我管理过程,即反馈调节,包括筛选、过滤、抑制、比较、摘要、解释、存储等操作。

筛选是在多个信息中选择有价值的;过滤是排除无关信息或错误信息;抑制是对无用信息的暂时性搁置,将注意力集中到目标信息上,把焦点放在真正重要的信息上;比较是将新信息与记忆中的旧信息进行对比;摘要就是对信息量大的信息进行压缩、概括、提炼;解释是对复杂信息进行分解、分析、补充,使其成为可理解性信息;储存是将新信息加工后存入记忆。儿童的认知水平、思维水平、经验水平、情绪情感体验直接影响信息加工与调节。

(三)信息输出

信息的输出环节是由感觉系统通过中枢神经系统经传出神经传到效应器,从而产生动作行为的过程。动作的执行情况所产生的刺激引起新的一轮信息的输入,如此反复。儿童的学习正是基于感觉系统、中枢神经系统和效应器的相互协作和反馈调节。因此,儿童学习、生活、工作都依赖于感觉统合能力,并且影响儿童个体的情绪、情感和社会性。

第二节 感觉统合失调

一、感觉统合失调的基本含义

感觉统合失调(Sensory Integration Dysfunction,简称 SID)是指个体的某一感觉系统、感觉系统之间、感觉系统与运动系统之间的信息组织与整合不协调,导致信息统合过程发生异常,出现对刺激的不敏感或过分敏感、行为顾此失彼等现象。人们是通过感觉统合失调来认识感觉统合能力的。感觉统合训练面对的主要是各种程度的感觉统合失调问题。

二、感觉统合失调的主要表现

常见的感觉统合失调现象主要表现为五个方面。第一,视觉异常。儿童眼球运动困难,手眼协调性差,经常将文字、数字、偏旁部首看错。第二,前庭功能及动作异常。儿童转圈时不会晕或害怕身体旋转,身体平衡性差,容易摔跤,不会走直线,动作笨拙,跳绳、骑自行车困难。第三,触觉等肤觉异常。儿童触觉过于敏感或者过于迟钝,洗头发、洗澡、换衣服等体肤的外源性接触都不能忍受。嗅觉、味觉或痛觉也可能存在异常。第四,胆小、害怕。讨厌摇晃、不敢爬高,无法顺利下楼梯,对陌生环境适应慢。第五,其他心理活动异常。如注意力集中性、持久性和分配性较差,做事效率低下等。

三、感觉统合失调的成因

美国心理学家爱尔丝研究发现,有10%～30%的3～13岁儿童会出现感觉统合失调。关于感觉统合失调可能的原因有以下假设:遗传、产前原因、早产、出生时创伤、先天性中枢神经系统异常、环境因素、出生后感官刺激不足等。

(一) 生物学因素

1. 遗传因素

遗传因素是指从遗传基因中获得的生物特征。从相关的研究来看,儿童的感觉统合能力和父母的神经动作系统有密切的联系。个体感觉系统的解剖结构、生理机能和心理功能是通过蛋白质来实现的,而蛋白质的结构和功能是受个体内特定基因调控的。一般而言,儿童的各种障碍多是遗传因素和环境因素相互作用的结果。个体遗传物质决定障碍发生的易感性和可能性,环境因素影响障碍的表现类型及障碍的程度。从遗传学角度看,一些个体伴随有障碍是由他们的自身或者是父母的遗传物质对某些不良环境因素表现出易感性,抵抗力不强导致的。

个体感觉统合失调的遗传学研究比较少,研究人员并没有发现"感觉统合失调的基因",从各类型感觉统合失调儿童行为表现的一致性和集中性来推断,感觉统合失调可能存在着相同或相似的遗传学机制,如多巴胺受体基因改变是导致儿童注意缺陷、行为冲动的重要遗传学机制,同时该类儿童的感觉统合能力较差。从理论上推断,凡是影响感觉器官结构完整性及功能(特别是信息识别和传输)正常化的基因改变都可能导致感觉统合失调,凡是影响中枢特别是脑干激动系统功能的基因改变很可能导致感觉统合失调。近年来的研究表明,注意缺陷多动症儿童存在家族遗传,遗传度为0.8。注意缺陷多动症的遗传可能是单基因遗传,也可能是多基因遗传。

感觉统合失调涉及个体内外多器官功能缺陷,相关的遗传机制研究难度非常大,进展缓慢,需持续关注。

2. 生理、生化及代谢因素

儿童感觉统合失调有其生理、生化及代谢异常的原因。

(1) 脑损伤或脑功能失调

孕妇妊娠期间、分娩过程以及儿童生长过程的多种因素可能会导致儿童脑发育异常,引发儿童的感统失调及相关问题。

① 妊娠期间的不良因素

母亲妊娠期的不良生活、工作环境和健康状况等因素会影响胎儿的发育,给儿童的健康成长埋下隐患。例如:

接触环境中的有害物质。现代社会,环境中有害物质的种类非常多,辐射到人们生活、工作的各个方面。妊娠前或期间,特别是妊娠的前3个月,是胚胎神经系统发育的关键时期。其间,孕妇从事某种有害职业或接触到环境中的有害物质都会导致儿童脑发育异常,给儿童中枢神经系统的发育造成不可逆的损伤。

孕妇疾病。孕妇妊娠前患有的一些疾病,或妊娠期间继发性疾病以及相应的治疗药物可能会给儿童的脑发育造成影响。常见的有癫痫、高血压、糖尿病、抑郁症、甲状腺机能减退,同时这些疾病的治疗药物会给胎儿脑发育造成负面影响,影响感知觉功能的正常发育。

孕妇不良生活习惯。孕妇吸烟、酗酒,长时间同一体位的工作(如上网、看电视或伏案工作等),置身通风效果差的娱乐环境,过重的体力劳动或懒于活动,饮食、睡眠不规律,性伙伴混乱等不良的生活习惯,都会影响胎儿的脑发育。在现代生活中,孕妇不良生活习惯导致后代出现残疾并呈现感觉统合失调的现象有一定的普遍性,须加强对孕龄女性科普知识的宣传。

孕妇孕期吸烟、酗酒或吸毒会对胎儿产生恶劣影响，如胎儿酒精综合征（FAS）、胎儿烟草综合征等。胎儿酒精综合征儿童往往表现为低体重、智力缺陷和身体缺陷，同时伴有多动、机能亢进、粗心及冲动。孕妇孕期少量饮酒，虽不导致后代患胎儿酒精综合征，但儿童出现学习困难、行为冲动和多动症的可能性较大。若孕妇接触二手烟，也会妨碍儿童大脑的发育，儿童会出现体格发育异常，并伴随其他行为问题。

胎儿个体发育问题。胎儿着床不正如前置胎盘、胎儿感染、胎儿过动引起缺氧、低体重等问题也会影响儿童脑的正常发育。现代影像技术对儿童脑的解剖结构及其功能的研究发现，注意缺陷、行为冲动、情绪不稳定的儿童存在脑功能异常，这可能在他们胚胎发育中就已经出现了。比如，注意缺陷多动症儿童大脑前区的血流量比较低，通过尾状核把边缘系统和大脑前区联系起来的神经通路也比较少，特别是与纹状核联系的神经通路更少。

② 产程不良因素

临产前1~2周以及生产过程是胎儿脑损伤及脑功能失调的高发期，这些因素主要有脐绕颈、窒息、早产或过期产、难产、产程过长、助产工具使用不当或其他操作失当、剖宫产等，对儿童脑的发育有较大的影响。

③ 新生儿及儿童发育早期的不良因素

疾病。新生儿及儿童早期的一些疾病，如新生儿缺氧缺血性脑病、发烧、脱水、脑炎、脑膜炎、疫苗过敏、黄疸等疾病会导致儿童脑发育异常。

机械性损伤。婴儿哺乳时，母亲操作不当会导致儿童头部挤压或呼吸不畅造成缺氧，直接损伤脑的发育；随着婴幼儿运动能力增强，翻滚、爬行范围增加，掉下床、跌倒等头部遭受机械撞击的概率大增，发生脑损伤的可能性增加。儿童从出生到学龄前期的较长时间内，脑部重量占体重比例较大，重心相对较高，易失衡头部先落地受到撞击。

(2) 儿童个体代谢异常

儿童自身的营养物质、激素及递质代谢的异常会影响其正常发育。

① 营养物质代谢失衡

儿童的正常发育及脑功能的高效工作有赖于个体营养物质的代谢平衡。儿童青少年处于成长期，需摄入较多的蛋白质，但是过多摄入会增加儿童代谢负担，影响儿童的注意和判断。脑工作的能量主要依赖葡萄糖的代谢,每天须摄入足量糖类,但是糖类的过多摄入,会导致大脑处于抑制状态,学习活动易疲劳。儿童每天需摄入适量的脂肪,但摄入过多会给儿童的发展带来多方面影响,如活动不便、心血管负担过重、易于疲劳、学习效率低下等。

微营养素(微量元素和维生素)的代谢对儿童发展有广泛影响。它们虽然不直接提供个体活动的能量,但参与个体正常生理生化代谢过程或营养物质的吸收与合成。微营养素的代谢平衡是个体正常生理机能维持的重要基础之一。感觉统合失调儿童往往存在微营养素摄入不足。

② 激素、递质代谢异常

激素和递质是对个体内外活动进行调节的物质。前者分布于全身的多种内分泌器官,对个体代谢进行广泛、持久的调节;后者是由神经细胞合成的,是神经冲动在突触间传递的载体。激素、递质代谢全面影响个体生长发育及脑功能的完善。比如,儿童的甲状腺机能低下或亢进都会对儿童的生长发育和学习活动产生不利影响。甲状腺素不足的儿童做事缺乏激情,精神萎靡,学习效率低下。

3. 其他

儿童感觉统合失调还可能源于剖宫产、母亲大龄妊娠等因素,这些成为多学科研究的热点,受到普遍关注。

(1) 剖宫产

剖宫产是基于一系列临床指征不能正常分娩而采取的分娩补救措施。世界卫生组织倡导的剖宫产分娩率应控制在15%以内,但是这一补救措施在世界不少国家呈现快速飙升的趋势。研究表明,剖宫产对儿童及产妇均有许多负面影响。该分娩方式并不会使儿童更聪明,反倒会带来负面影响,如适应能力要比自然分娩的孩子差,儿童更易出现感觉统合失调、认知缺陷、易发脾气、胆小、紧张、爱哭、偏食、惹人等生长发育障碍。当这种生产方式成为"新生力量"的主流"入世"方式时,势必影响到这个国家或地区的人口素质。剖宫产导致儿童出现异常发展的机理可归结为以下几个方面。

① 酸中毒

自然分娩时,受产道挤压及儿茶酚胺调节,胎儿呼吸道液体的1/3～2/3被挤出,出生后即可进行正常肺呼吸,气体交换更好,不会出现缺氧。

相反,剖宫产儿缺乏这些锻炼,呼吸道内液体潴留多,出生后呼吸阻力大,肺泡气体容量小,影响气体交换效率,易发生新生儿缺氧或窒息,出现"新生儿暂时性呼吸增快症"。

② 胆红素升高

剖宫产母亲的母乳素分泌水平低,母乳分泌不足,新生儿胎粪排出减慢,胎粪中的胆红素被吸收进入血液,导致血液胆红素水平升高。同时,剖宫产儿肺内积液未能有效排出也提升了血液胆红素水平。新生儿高胆红素水平会损伤其神经系统功能。

③ 机能失调

胎儿在分娩过程中不是一个被动的"排出物",而是一个主动参与并不断适应产程、发挥自身"能动性"的个体。在子宫收缩、产道挤压、神经体液调节下,胎儿在产道完成衔接、下降、俯屈、内旋转、仰伸等一系列的动作,先后对头颈、胸腹以及躯体各个部分进行长时间、有节奏、大强度的挤压刺激,各种外周感知和运动器官、信息内外传输的神经纤维以及中枢对信息的接受和加工都能够得以启动和激活。所以,自然分娩过程是胎儿步入人世间非常重要的一次系统的锻炼和生存演练,对个体后续发育非常重要。

而剖宫产属于干预性分娩,胎儿在短时间内被动娩出,必要的刺激和锻炼被剥夺,在生长发育中会出现感觉统合失调。同时,剖宫产儿的免疫功能较差,易合并感染,影响儿童的正常发展。

(2) 大龄妊娠

35岁以上女性妊娠生子属于大龄妊娠。而今,因为多种原因,大龄妊娠比例较高。大龄妊娠对孕妇及后代都有许多不利影响。有研究表明,35岁以下孕妇中,后代唐氏综合征(先天愚型智力残疾)的发生率约为1/100,而45岁以上孕妇的后代发生该综合征的比例高达1/50。[①]

卵巢的机能随年龄增长逐渐衰老蜕变,产生的卵子自然老化、蜕变,染色体畸变概率增大,胎儿畸形及其他遗传病发生率就会增高,流产、早产、死胎等的发生率也很高。年龄越大,人体抵抗各种环境污染的能力也越低,进一步加大卵子遗传物质畸变的可能性。

---

① 王和平.特殊儿童的感觉统合训练[M].北京:北京大学出版社,2019:59.

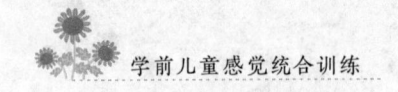

大龄孕妇分娩的危险性同样增加,这是因为该群体的骨盆和韧带功能退化,产道组织弹性减弱,宫缩力减弱,易导致产程延长而引起难产,造成胎儿产伤、窒息。虽然剖宫产是大龄孕妇分娩的主要选择,但它所带来的负面影响同样不可忽视。

大龄孕妇发生心脏病、妊娠高血压、妊娠期糖尿病的比例较年轻孕妇高。妊娠期糖尿病不仅使孕产妇容易感染,而且还会引起胎儿早产、巨大儿、畸形胎儿、死胎等。

(二) 教育因素

1. 家庭教育因素

(1) 家庭教育条件存在的缺陷

就现状而言,家庭教育元素存在多方面缺陷,它直接或间接影响儿童的正常发展,是儿童感觉统合失调的重要原因。

① 居家物理环境的现实限制

在城市化不断加快的今天,生活在城市中的家庭无论其居家面积有多大或有几处住房,对儿童来说都是封闭的钢筋混凝土牢笼,上下见方3米左右,前后高楼林立,视线平穿百米以上者仅为极少数。而在这个空间,儿童几乎要度过每天生活的2/3时间,长年累月接触和使用很少变化的东西,如桌椅床柜、锅碗瓢盆等,易造成熟视无睹、感觉钝化。

② 家庭成员关系不和

家庭中的父母关系、婆媳关系及两个家族直系亲属间关系的融洽程度直接影响儿童的教育。家庭成员关系不和会导致:其一,父母教育子女缺乏积极性、责任心和成就感,孩子的感知、运动、认知发展和情感交流必然受到影响。其二,家庭成员间不友好言行给儿童很不好的示范,使孩子学习了错误的、极端的解决问题的方式,并会使孩子产生焦虑、恐惧、嫉恨、残忍、缺乏同情心和敌视他人等不健康的心理状态,影响孩子与同伴的交流,也可能影响父母对孩子的态度。

③ 同伴资源缺乏

我国相当多的家庭为独生子女家庭,孩子没有居家互动的兄弟姐妹,加之学生课业负担重以及家庭间"不相往来",儿童居家活动的数量、质量都不高,自然发展的必要的同伴资源非常有限,儿童出现感知觉问题、运动问题、情绪问题在所难免。

④ 成年互动对象存在较大缺陷

儿童玩伴少,居家互动的对象多是成年人,且以祖辈为主。成年人作为儿童的互动对象存在诸多缺陷。首先,两者是不对等的互动对象,心思各异。其次,成人意外干扰较多,互动活动断断续续,缺乏持续性,给孩子的学习树立了不好的示范。再次,成人由于工作压力、精力等原因难以保证与儿童有足够的互动活动,甚至会在互动中引发不愉快的事件,发泄源于其他方面的不满。儿童祖辈身心的自然衰退决定他们大多难当互动对象,但是他们却成为不少家庭教育的主要人力资源。

(2) 家庭教育能力不足

在竞争激烈的社会背景下,家庭常把儿童的教育放在第一位。一些家长为使自己的孩子"不输在起跑线上",过早地对孩子进行早期教育,让孩子参加各种课程培训,让孩子学习各种乐器,孩子本该拥有的感知运动活动被剥夺,导致孩子的感觉统合能力发展不足。同时,还有一些家长过度保护孩子,娇宠溺爱,孩子的大小事情家长都参与其中,甚至包办代替,导致孩子各感觉系统间的信息缺乏有效的整合,从而影响孩子感觉统合能力的发展,造成孩子感觉统合失调。

(3) 儿童早期的爬行不足

爬行是儿童将多种器官组织起来协调运作、完成综合活动的基本技能。[①] 爬行在儿童发育早期持续时间较长,从婴儿6~8个月开始会爬行,一直延续到2~3岁或更久。爬行对儿童发育的影响非常大。

爬行是儿童各种感觉器官、躯体运动器官同时或相继协调配合的整体性、综合性活动,对儿童基本的感知—运动的发展,认知、言语等的发展有着重要影响,是婴幼儿期的高级"智力"活动。爬行不足儿童可能会出现学习困难、注意力缺乏、多动冲动、情绪行为异常以及人际关系不和谐等方面的问题,给儿童本身及同伴、家长、教师等长期接触人士带来不少困扰。

---

① 王和平.特殊儿童的感觉统合训练[M].北京:北京大学出版社,2019:63.

现代家庭,儿童早期爬行不足问题比较严重,原因有很多。第一,家长对发育水平的认识存在错误。一些家长认为婴儿走得越早,发育就越快,孩子就会越健康、聪明,于是家长徒手扶持或用助行工具加快儿童的站立和行走训练,孩子的爬行期被减少或剥夺。第二,关于爬行对儿童发育的重要性认识不足。一些儿童由于体重较重、肤觉敏感、肌肉力量发展慢等原因,爬行的动力不足,养护人出于怜悯之心,不太坚持让幼儿充分爬行,这些儿童在可以独立行走后就更少通过爬行参与同伴活动。第三,孩子黏人,脱手不得。一些孩子在出生后不久就养成需要成人时刻陪伴的习性,每天除了睡眠几乎不离开成人怀抱,导致儿童早期爬行活动不足。第四,养护人员为安全图省事。一些家长,特别是保姆担心孩子到处爬行会"闯祸"、感染疾病、危及身体安全,或为干净图省事,减轻育子负担,采取限制爬行的办法,如及时进食增加睡眠时间,让孩子玩玩具、听音乐或将儿童放置在助行车或学步车上等。

2. 学校教育因素

学校教育在儿童的成长发展中起着主要作用,传统的学校教育存在的一些不适合儿童发展的因素,也会造成儿童感觉统合失调。首先,传统的学校课程设置存在问题。学校课程设置多以文化课为主,文化课占了绝大多数学校教育时间,学校不重视甚至忽视学生的心理健康、沟通交流、社会适应等问题。其次,传统的教师教育技能存在缺陷。学前以及小学阶段是儿童感觉统合能力发展的重要时期,传统的教师教育技能存在缺陷,一方面使本该正常发展的儿童出现异常发展的问题;另一方面,教师缺少应对儿童异常发展问题的有效策略,儿童异常发展问题得不到及时发现和矫治,使异常发展问题变得越来越严重,越来越复杂。再次,传统学校教育资源不足。一方面,传统学校教育的硬件资源不足,设施配备不能满足每一个学生的需求,大多让学生参与徒手活动项目,每个学生实际参加器械操作项目的时间非常有限;另一方面,传统学校的软件资源不足,在教师资源的分配方面存在不合理,这也是导致学生能力发展受限的重要影响因素。

(三)自然环境因素

儿童的生长发育有赖于自然环境又受自然环境的制约。不良环境因素给儿童的健康成长带来负面影响,是儿童感觉统和失调、残障发生的重要因素。这些因素可归结为工业化学品和药品、物理因素、生物因素等。

1. 工业化学品和药品

在这个工业化高度发达的时代,人们生活的各个方面离不开工业化学品,并经受着数以万计的化学品带来的影响。某些疾病的发生、儿童出生缺陷都与工业化学品有关。药品作为特殊的工业化学品,同样影响着我们的生活。

(1) 大环境污染

各种工业化学品以工业废水、废渣、废气的形式进入空气、土壤和水,最终通过空气及食物链进入人体。比如城市交通中,数以万计的车辆排放的尾气中就有铅的化合物等多种有害物质,它们会导致儿童神经系统功能异常,如注意分散、好动、冲动等心理行为问题。

在环境严重污染的今天,妊娠生育的风险大大增加,不孕、流产、畸胎、儿童肢体结构性缺陷、孕妇继发性疾病等异常情况的发生率一直居高不下。保守估计,我国每年残疾新生儿在100万左右,还有一些儿童虽没有结构性缺陷,早期也不表现为功能异常,但是随着年龄增加、入学后认知负荷加重以及需要处理的关系增多,他们的身体机能、心理功能的异常逐渐表现出来,而且这一群体的数量可能非常大,是感觉统合训练的主要对象。

(2) 居家工作环境污染

装潢材料、家具中的有害化学品对居家及工作环境的污染不容小视,是可能导致胎儿、儿童生长发育异常的重要因素。装潢使用的胶水、油漆、密度板、石膏板等材料含有大量的挥发性有机化学品或无机化学品,如醛类、苯类、氡气、硫化物、氢化物等物质;瓷砖、大理石等含有放射性物质。它们均可能影响儿童的健康发展。

(3) 食品污染

食品为了增加保质期、提高鲜度、改善观感味感,在生产加工、包装、运输等各个环节都有相应的添加剂。比如日常食品面包,可用添加剂高达百余种,实际添加(各种面包平均添加数量)达十余种。其他成品半成品食品均添加数量、种类不等的食品添加剂。儿童喜欢吃的快餐食品如炸制食品、零食和膨化食品、饮料等含有种类众多的添加剂。从受精卵开始,儿童就生活在食品添加剂的包围中,他们堪称"添加剂儿童"。此外,一些不法商家更是超标准使用添加剂甚至使用非食品添加剂,给人的身体健康特别是发育期儿童健康带来非常大的危害。食品的原材料生产也存在着严重的工业化学品污染,农作物种植中大量使用化肥、农药、催熟剂、吸水增肥剂,养殖业饲料简直就是多种化学品的混合物,肉类、禽类、水产品均"多快好省"地呈现在居家餐桌上。受化学品污染的食品对儿童发展的影响呈持久性和广泛性态势。

(4) 儿童学习用品、玩具等污染

儿童学习用品、玩具、娱乐设施大量使用化学品,比如幼儿图书,新书初开,恶气扑鼻。其他学习用具及玩具的制作广泛使用化学颜料、挥发性物质和重金属元素等。

2. 物理因素

孕妇妊娠期间及儿童生长发育早期的一些物理因素对胎儿及儿童的发展也有不利的影响。这些因素有:高浓度二氧化碳(如娱乐场所)、一氧化碳(如居家或职场煤气泄漏)、噪声(如居家周边环境及娱乐场所)、高温(如温泉、桑拿、居家热水浴、超声波治疗、儿童病理性高烧)、低气压(如妊娠期赴高海拔地区旅游)、辐射(放射性物质的电离辐射、手机电脑等的射频辐射)、光污染(如居家环境光污染对孕妇生物钟的影响)。

城市建筑高楼林立,空间狭小,视野不开阔,空气流通差,人们常年生活其中,难免产生压抑感。噪声、色彩、眩光、人流、车流,让人难求片刻清静,紧张、焦躁在所难免。

城市人口激增,加之工业化导致的全球气候变化,人们生活中使用空气调节设备的频率越来越高,户外活动明显减少。

3. 生物因素

导致儿童发生异常的生物因素主要有微生物、寄生虫及过敏反应等。细菌、病毒的宫内感染,及儿童期因高烧或治疗用药不当,使儿童致畸或功能异常在临床中多有发生。宠物及环境寄生虫对儿童健康的影响成为现代生活中的新问题。一些免疫机能较低的儿童,对花粉及其他环境致敏源比较敏感,一旦感染或在季节转换期出现过敏反应,会影响正常的学习、生活及交往。

（四）社会环境因素

家庭和社区是对儿童产生多方面影响的成长环境。在这个快速变革的时代,家庭结构发生了巨大的变化,出现一系列不利于儿童健康发展的因素。

社区发展规划和建设严重缺乏对小公民的关注。我国当前的社会发展呈现工业化、城镇化、数字化特点,它在给儿童的干预提供有效物质支持的同时,也在不同程度弱化儿童的感知运动能力,影响儿童感觉统合能力发展。

1. 家庭

家庭作为社会的基础单位,其结构形态及其稳定性对子女成长的影响也不单纯是家庭自身的问题,而是一个受社会关系变迁等多种因素影响的问题。

（1）核心家庭的问题

① 典型家庭面临的问题

由子女及亲生父母组成的核心家庭是我国当前家庭的主体,可谓典型家庭。这种家庭子女多为独生子女,他们缺少与兄弟姐妹进行各种感觉、言语形式和运动方式的互动,加之父母各有工作在身,子女与父母的交流互动领域、频次和深度都不能满足子女发展的需要。有调查显示,50%的爸爸每周陪孩子的平均时间不足 5 小时,每天跟孩子有效沟通的时间不超过 6 分钟![1] 我国独生子女是特定社会条件下的独特群体,存在着身心功能及社会性等多方面问题,是广义上的特殊教育对象,需持续关注。

② 重组家庭面临的问题

离异后重组家庭历来矛盾重重,特别是双方子女教育上的问题更为突出。当今,我国重组家庭数量越来越多,初婚子女与继父继母间的关系、子女间的关系更为复杂。这对处于发育阶段的儿童青少年有较大的影响,他

---

[1] 岳明途.感觉统合——开启儿童成长的金钥匙.西安:陕西科学技术出版社,2020:30.

们往往出现抑郁、仇视、怀疑、自卑、学业不良及攻击或反社会行为等问题。离异重组家庭的子女心理与教育问题已经成为我国不容忽视的社会问题。

(2) 主干家庭面临的问题

三代人共同生活的主干家庭中,子女的成长和教育也存在不少问题。爷爷、奶奶、外公、外婆(四老)对孙子辈的隔代溺爱严重影响孩子父母(双亲)对子女的教育。四老还在饮食、玩具购置等方面使孩子养成毫无节制的习性,而有效的户外活动、同伴交往又往往不足,影响了孩子基础能力的发展。双亲与四老间的关系,特别是婆媳关系不易处理,这些一直困扰这类家庭,给儿童青少年的教育带来不少负面影响。

(3) 残缺家庭面临的问题

残缺家庭是指儿童父母一方或双方缺位的结构不完整的家庭,如父母离异、分居、亡故、服刑、单亲母亲、父母常年外出务工或从事特殊职业等。该类型家庭子女的教育多面临亲情缺失和社会排斥的双重压力。生活在该类家庭的子女本身就缺少完整的关爱、交流以及学习模仿的对象,也会心存各种疑问和矛盾,总觉得自己与其他同伴不一样,也可能被周围的人指指点点、说长道短。长此以往,儿童难免出现各种各样的问题,如抑郁孤独、逆反粗暴、怯懦自卑、狭隘自私、放纵对抗、懒散避世等多种心理行为问题。

2. 社区

社区是指由一定数量组成的、具有共同需求和利益的、形成频繁社会交往互动关系的、产生自然情感联系和心理认同的、地域性的生活共同体。构成社区的基本要素有5个方面,即一定数量的社区人口、一定范围的地域空间、一定类型的社区活动、一定规模的社区设施、一定特征的是社区文化。社区是人实现社会化、继续社会化的重要环境。

(1) 人均公共资源少

社区内公共物理环境及其硬件资源是儿童青少年便捷、实用、经济的活动和互动资源,对长期生活其中的该群体有重要影响。我国的城市居民区建筑密度高,居民数量多,人均公共活动空间非常有限。相当多的社区公共活动空间仅是交通道路或停车场,没有专门的娱乐、健身活动区域。一些新兴大型居民区虽有专门的公共活动区,但他们主要适宜于成人锻炼健身或休闲娱乐。这些社区也会建设20~30 m² 的"儿童游乐场",但这些场所配建的设施太简单并缺乏更新和维护,对儿童发展的作用不大。在雨雪较多或高温持续的季节,儿童多日甚至数周受困居家,足不出户。加之学校也面临同样的问题,所以一旦遇到这样的气候,学生心理行为问题就较多。社区硬件资源的严重缺乏直接导致儿童青少年发展受限。

(2) 安全问题突出

我国居民区的安全问题越来越突出,也是制约儿童有效进行户外活动的重要因素。当前,社区不安全的因素主要有三个方面。第一,流动人口多(租住人口多、流动商贩多、流窜作案者多),社区意外事件及犯罪事件增多。第二,车辆激增,进一步压缩有限的公共物理空间,社区内导致儿童受伤的交通事故增多。第三,居民饲养宠物增多,卫生状况恶化,宠物伤人事件增加。

(3) 儿童文化娱乐组织缺乏

由于我国社区文化建设整体相对落后,社区内基本没有专门的组织为区域内儿童青少年提供有效的娱乐活动支持。儿童在局促的物理环境内"自由"活动,娱乐活动的规范性、规律性、长期性、专业性基本无从谈起。

(4) 居民间的依存性和认同感差

现代生活节奏加快,成人的工作压力、学生的学业负担重,频繁乔迁,人际间情感冷漠……居民间的交往减少,依存性弱,认同感差,儿童间的交往互动也少,美好童年缺乏有亲和力的社区文化。

3. 社会

随着工业化、城市化、信息化、数字化水平不断提升,国民的物质生活水平不断改善,文化精神生活更趋于多样化。在社会整体呈现繁荣景象的同时,一些对儿童青少年产生负面影响的因素未引起人们的足够重视,抑或变化太快无力应对。

(1) 生活优越,缺乏进取心

现代社会人们的衣食住行等日常生活和学习条件得到极大改善,生活其中的儿童青少年多是衣来伸手、饭来张口,生活无忧。加之,家庭子女又少,双亲、四老尽最大努力满足一小的愿望和要求。即使一些并不优越的家庭也受大环境影响,孩子自幼不知生活不易,无进取的动力,懒散成性、不求完美、我行我素、自私无情。在感觉统合训练中，一些孩子对食品、玩具根本不感兴趣，对表扬、鼓励显得麻木，可供训练人员选择的强化激励措施大受限制。

(2) 诱惑多，聚焦难

丰富的物质资源，特别是各种各样被动、半自主、长时间的游戏娱乐方式对儿童青少年有很大的诱惑力，他们静心学习需要对抗来自各方面的诱惑。同时，一些条件优越的家庭采取不适当的激励措施，不恰当地满足子女无节制的欲望，其他同伴难免不受影响。

(3) 生活数字化激增，个体主动活动大减

电视、电脑、手机、掌上游戏设备走入寻常百姓家，人们(特别是儿童青少年)享受它们"喂养"现成信息的同时，失去更多的身体活动、同伴互动的机会和时间，失去独立思考问题、解决问题的主动性和探索行为。在这个数字化时代，人们越来越被各种各样的数字信息所束缚，成为他们的奴隶。

(4) 玩具自动化、智能化，游戏活动中的身体活动严重不足

人们称儿童为"游戏的儿童"，说明游戏在儿童成长中发挥着不可缺少的重要作用。但是，现代儿童的游戏不再是以发展体格、健全人格为目标，传统的儿童游戏活动淡出儿童群体，取而代之的是所谓的"开发智力"的游戏活动，玩游戏时儿童们聚集一起只动用手、眼等少量器官，全身性多器官多系统的活动和互动大为减少，基础能力发展不足。

(5) 人口流动大，儿童受伤害不小

快速城市化导致城镇人口剧增，给生活在城市及农村的孩子都带来了不小的负面影响。城市治安状况恶化，儿童交往、活动受到限制。农村出现大量的"留守儿童"，他们长期承受亲情缺失的痛苦，心理失衡、行为出轨问题明显增多，他们健康成长受到严重影响。我国人口流动数量巨大，受影响面广，已经成为广泛关注的社会问题。

(6) 城乡差异小，儿童青少年心理失衡

我国城乡的经济文化条件存在巨大差异。教育机会严重不均等，导致城市儿童有着天生的优越感，不思进取。相反，农村孩子无此优越感，产生自卑感、退缩行为。

第二章
学前儿童前庭觉训练的基本原理及实操技术

前庭觉最为人们所熟知的功能是其参与躯体平衡调节，甚至是平衡控制的代名词。其实，人体平衡调控是在视觉、本体觉和前庭觉多系统协同参与下完成的，前庭系统起主要作用。前庭功能训练是感觉统合训练的核心。

第一节 学前儿童前庭觉训练的基本原理

一、概述

前庭觉（Vestibular Sense）是指在受地心引力作用及个体躯体移动（特别是头部运动）刺激时形成的感觉。前庭感受器位于内耳，结构独特，其感受的躯体运动信息传入中枢后与小脑及其他神经核建立广泛联系，参与人体多种活动。前庭系统发育始于胚胎早期，经历胎儿期及儿童发育早期的漫长历程。

（一）前庭感受器的结构

前庭系统是内耳中主管头部平衡运动的一组装置。人体内耳位于颞骨岩部骨质内，由于其形状不规则且类似迷宫，故又称为"迷路"，它是由骨迷路和膜迷路组成的。外层骨质为骨迷路，其内穿套膜性管道，名为膜迷路。其中骨迷路包括耳蜗、前庭、半规管，膜迷路包括蜗管、球囊、椭圆囊、半规管中的膜半规管,它们相互贯通。

前庭感受器位于膜半规管、椭圆囊、球囊。每侧内耳的三个膜半规管,分别为前半规管、后半规管和外半规管(也叫水平半规管)。各半规管一端有球形膨大部分,称为膜壶腹,其上黏膜增厚并突起称为壶腹嵴,嵴的长轴多与管腔内的液体流动方向相垂直。这种结构保证壶腹嵴接触有效刺激,准确感觉运动信息。膜半规管与蜗管之间是前庭,内有前庭囊,包括椭圆囊和球囊,其上各有囊斑(如图2-1所示)。

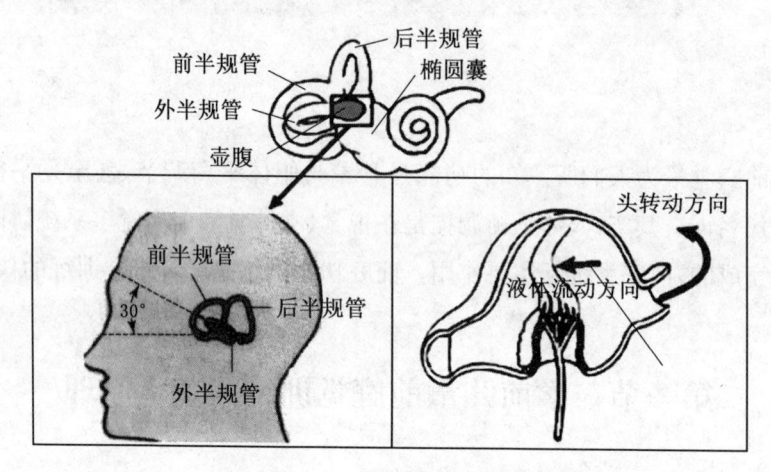

图2-1 前庭器官示意图

膜半规管的壶腹嵴和前庭囊上的囊瓣内有毛细胞。当身体移动时,管内淋巴液流动,淋巴毛细胞兴奋,将运动信息(机械能)转化成电信号(神经冲动)。神经冲动沿前庭神经传入中枢。

三个半规管之间互呈90°夹角。人直立头前倾30°时,外半规管所在平面与地面平行,前半规管位于与矢状线约成45°的矢状平面内,后半规管位于与冠状线呈45°的冠状平面内(如图2-2所示)。半规管感受人体旋转角加速度。如躯体左旋时,左侧外半规管中的内淋巴因惯性挤压壶腹部,该处毛细胞兴奋增强。与此同时,右侧外半规管中壶腹毛细胞兴奋减弱,左右信息差异是人脑判定躯体是否旋转、旋转方向及强度的依据。前半规管和后半规管分别感受前屈后伸和左右摇摆的变速运动。当运动停止后,内淋巴的移动在3秒内即停止,而毛细胞回到静息状态却要25~30秒,其间,人会有一种反向旋转的感觉。

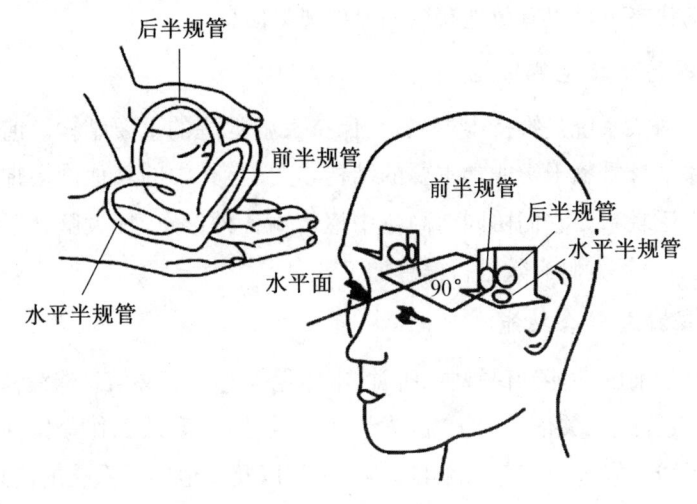

图 2-2 半规管排布图

椭圆囊大致位于冠状平面内，与外半规管平行，主要感受水平方向直线变速运动，并影响四肢屈伸肌的肌张力，如人行走的起步与立定等。有研究证明，椭圆囊的囊斑还可能具有感知低频声波和次声波的功能。球囊位于矢状平面内，与地面呈近似垂直位置，与椭圆囊呈 90°夹角，主要感受垂直方向直线变速运动，并影响四肢内收外展肌的肌张力，如人在电梯启停、起立或下蹲时的感觉等。

（二）前庭觉的功能

前庭系统复杂的结构和广泛的神经联系，决定其在个体的生命活动中具有多方面重要的功能。

1. 感知及平衡调节功能

前庭系统感受地心引力以及躯体空间位置变化，在大脑形成位置觉，觉知身体运动速度及其变化。它与本体觉和视觉等的感知系统协同调节个体平衡和姿势维持，确保个体有效进行各种活动和身体安全。

2. 辅助调节功能

前庭系统与自主神经、控制视觉的神经核团以及小脑存在联系，辅助调节心血管、呼吸、情绪等。前庭系统对视觉系统的调节有重要意义，确保个

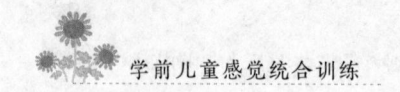

体在运动状态下可以有效地获取和处理视觉信息。

3. 维持中枢觉醒功能

脑干网状系统是维持中枢兴奋、保持大脑觉醒的重要结构。前庭神经核复合体本身是脑干中非常重要的结构,它又与其中的其他许多神经核团建立了广泛联系。它们协同向高位中枢传输各种信息,使大脑处于合适的觉醒状态,确保大脑有效进行信息加工。

4. 选择与整合功能

良好的前庭功能确保视觉、听觉、本体觉等的有意义信息连续稳定传入中枢,有效屏蔽无关信息的干扰,为个体有效学习、高效工作提供神经心理的基础保障。它还可能整合来自大脑、小脑以及其他感觉系统的信息,提高信息处理的准确性和效率。

(三) 前庭觉的发育

儿童的前庭功能发育早、历程较长,可能持续整个胎儿期及儿童发展期,特别是学龄期(6~8岁)以前,可能是儿童前庭功能发育和完善的关键期。

前庭觉发育过程如表2-1所示:

表2-1 前庭觉的发育过程

胎儿期	胎儿在母体内8~9周时出现前庭反应,10~11周时开始做动作,5个月时可以感受母体的身体活动
新生儿	新生儿对移动有明显的感觉,并会做出反应
1~3个月	婴儿能感受到自己身体和重力的感觉,可做出较多的顺应性反应
4~6个月	婴儿头部非常有力,可以抬头和转头。6个月时,婴儿可同时抬头、挺胸,并将手臂和腿抬离地面,依靠肚子来平衡全身
7~9个月	婴儿由俯卧转换至趴着的姿势,能移动身体,并在移动过程中建立空间结构和距离概念
10~12个月	婴儿可以爬得更远,并且和四周的环境产生更密切的关系。婴儿开始站起来,学习用双脚来支撑和平衡身体,并练习跨步走路
13个月以后	婴儿能逐步完成需要更多空间移动、姿势控制、手眼协调、双侧协调配合的活动,这都与前庭系统发育有关

二、学前儿童前庭觉失调的表现及影响

（一）前庭觉失调的表现

前庭功能异常是儿童感觉统合失调的最主要的特征，是感觉统合训练主要针对的内容。前庭功能异常儿童要么对身体失衡特别敏感，如动作僵硬笨拙、不敢荡秋千、不愿坐摇摇床、不能独立于平衡台等；要么对失衡不敏感，不善于保持和调节躯体平衡，如经常跌倒，喜欢旋转或绕圈奔跑、登高下低；要么不能有效组织相对复杂的动作（同龄人可以完成的系列性或组合性动作），表现为肢体运动不协调或与环境间的交流不和谐，常常碰撞身边的东西、顾此失彼、手脚笨拙、乱放东西、不思整理等。有些儿童（如学习困难儿童）可能不表现出平衡问题，动作能力也不错，但前庭在中枢中的组织功能较弱，导致其注意力不集中、难以持久或思维过程不连续等问题。[1]

（二）前庭觉失调对儿童的影响

1. 影响学前儿童的大脑功能

前庭觉是学前儿童大脑发展的催化剂。前庭觉失调会造成：(1) 中枢神经混乱；(2) 左右脑功能不分化；(3) 脑干网状结构失活，难以维持正常的觉醒状态，注意力涣散，精神状态差，难以对外界新刺激做出迅速敏锐的反应。

2. 影响学前儿童的学习能力

前庭觉失调会造成学前儿童学习困难，具体表现在：(1) 无法筛选重要的感觉信息，参与意义学习。前庭觉是感觉信息进入大脑的大门，负责过滤视、听、触等外部刺激，为学前儿童筛选有意义的感觉信息，以便参与更为高级的心理活动。(2) 会造成学前儿童视觉、听觉、触觉异常。视觉异常表现为视觉追踪和定位能力差，一旦目标移动便无法实时定位，无法反映客观真实的动态信息，无法判断运动方向、空间距离和运动速度。阅

---

[1] 陈文德.感觉统合游戏室[M].北京：九州出版社，2004：27-143.

读时漏字、加字、错行、反读的情况时有发生，甚至不能把握字形，无法完成简单的阅读和书写。视听异常会影响语言的习得和人际交往，儿童无法形成语感，仅停留在简单重复对方的话，开口说话迟，语言发展迟缓。视动异常会影响手眼协调和动作计划能力。(3) 缺乏专注力。由于信息混乱无序，儿童往往难以集中注意力于有效的外界信息，表现出注意力不集中、好动不安。

3. 影响学前儿童的活动能力

前庭觉失调会影响儿童的活动能力，具体表现在：(1) 无法感受身体受地心引力的作用所产生的重力感，平衡能力差。(2) 肌肉张力异常，难以维持正常的身体姿势，站无站相，坐无坐相，经常跌撞。(3) 难以精确地进行运动企划，无法准确地执行个体的大动作和精细动作，动作混乱冲动，动作多。(4) 身体协调性差，笨手笨脚，严重的儿童懒于运动甚至害怕运动。(5) 在学习活动中动手能力弱，影响体格、动作、认知等多方面的发展。

4. 影响学前儿童的交往能力

前庭觉失调的学前儿童交往能力较差，具体表现在：(1) 无法准确感知躯体位置变化而冲撞同伴。(2) 视而不见、听而不闻、答非所问、动作笨拙而使同伴互动难以有效进行。(3) 浮躁、懒散的性格特征遭同伴排斥。前庭觉失调的学前儿童难以获得与同伴有效互动所需的动作、言语、感觉、情感的支持，因此同伴交往不良，变得不爱交往。

第二节　学前儿童前庭觉训练的实操技术

前庭器官的适宜刺激是躯体运动产生的加速度，包括旋转加速度（角加速度）和直线加速度（躯体水平加速运动或上下加速运动），典型的事例有日常生活中的身体失衡、身体旋转、骤起急停等。所以，前庭功能训练的内容有三个维度，即参训个体完成角加速度运动、直线加速度运动以及角加速度和直线加速度组合的运动，训练项目的设计和组织实施围绕这三个维度进行。

根据前庭器官的结构及其适宜刺激，前庭功能训练的基本方法是使儿童躯体处于"失衡状态"，前庭器官得到加速度刺激。不同的运动形式产生的前庭刺激（方向感、速度感、重力感、位置感）不同，常见的经典前庭觉训练有：旋转类训练、摇荡类训练、骤起急停类训练、跳跃类训练、平衡姿势反应类训练、滚动类训练、组合训练等。此外，在幼儿园、家庭生活中，也可以利用生活用品和游乐设施进行相应的前庭觉训练。

一、旋转类训练

（一）器材：旋转大陀螺

图 2-3 旋转大陀螺

玩法一：

训练指导师或家长让幼儿坐在大陀螺里面，幼儿双手抓住大陀螺的两侧，双腿盘在一起，然后训练指导师或家长辅助幼儿向左或向右自由旋转。旋转速度不宜太快，2～3秒转一圈即可，让幼儿慢慢感受这种平衡感和重力感。

玩法二：

让幼儿沿着大陀螺内沿顺时针或逆时针交叉走步。

训练视频

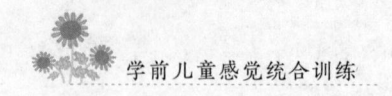

（二）器材：吊缆

图 2-4 吊缆

玩法一：

幼儿可以俯卧、卷曲仰躺的方式置身于吊缆中，由训练指导师推动或幼儿自己做前后、左右、旋转的摆动。

玩法二：

训练指导师可以要求幼儿俯卧在吊缆上摇动的同时做一些接球或推球的活动。也可以要求幼儿做插木棍的游戏，在吊缆下的地面上放一个插木棍的盒子，盒子里有圆木棍和插圆木棍的孔，要求幼儿趴在吊缆上摇动的同时用左右手从盒子里各拿出一根木棍，并把它们插到孔上。

训练视频

（三）器材：手摇旋转盘

图 2-5　手摇旋转盘

玩法一：

幼儿坐在手摇旋转盘的中心位置，挺直腰背，双手握住旋转盘的边缘或把手，双眼平视前方，头部保持正直，肩膀放松，缓慢地用手摇旋转盘，以每秒半圈到一圈的速度匀速转动。在旋转过程中，要注意保持身体的平衡，不要左右摇晃或倾斜过度。可以顺时针旋转一定圈数，然后再逆时针旋转相同圈数。

玩法二：

幼儿坐在旋转盘上，先以较快的速度，如每秒 1.5~2 圈的速度旋转 3~5 圈，然后突然停止，感受身体由于惯性而产生的晃动。然后再以非常缓慢的速度旋转 2~3 圈，如此交替进行变速旋转。

（四）器材：独角凳

图 2-6 独角凳

玩法一：

幼儿保持安静坐在独脚凳上，双手放在膝盖上或自然下垂，保持身体平衡。训练指导师或家长以同样方式与幼儿面对面一起使用独角凳。训练指导师或家长要求幼儿模仿其动作，比如拍手、左右脚交替抬起离开地面，逐渐加快速度，并保持身体平衡。

玩法二：

幼儿坐在独角凳上，身体立直，用体能圈套住篮球，顺时针或逆时针边套篮球滚动边在独角凳上旋转。

训练视频

二、摇荡类训练

（一）器材：花生球

图 2-7 花生球

玩法一：

幼儿坐在花生球的中央，双脚平放在地面上，双手可以轻放在膝盖上或向两侧伸展以保持身体平衡。然后缓慢地前后或左右摇晃身体，感受身体重心的变化，同时保持平衡，在训练指导师或家长协助下逐渐增加摇晃幅度。也可以尝试让幼儿闭眼进行训练，以增加训练难度。

玩法二：

训练指导师或家长将花生球放置在地板上，让幼儿顺着花生球两端的方向，以俯卧姿势趴在花生球上。训练指导师或家长抓住幼儿的双脚，用力且顺势摆动花生球，使花生球两端呈现上下起伏的摆动状态。也可以让幼儿以仰卧姿势躺在花生球上，训练指导师或家长抓住幼儿的双脚，用力且顺势摆动花生球，再次使花生球两端产生上下起伏的摆动状态。每次练习时间持续5～10分钟，以确保训练的有效性。

（二）器材：横抱筒

图 2-8 横抱筒

玩法一：

幼儿坐在横抱筒上，双手握住两侧的绳索或把手，双脚自然下垂或轻轻触地，通过身体重心前后或左右移动，使横抱筒缓慢摇荡，感受前庭觉的刺激。经过几次动作重复之后逐渐增加摇荡幅度。也可以让幼儿尝试闭眼进行训练，以增加训练难度。

玩法二：

幼儿站在横抱筒上，双手握住两侧的绳索或把手，双腿自然伸直。在训练指导师或家长的协助下，摇荡横抱筒，通过身体重心前后或左右移动，使其感受前庭觉的刺激，逐渐增加摇荡幅度。也可以尝试让幼儿闭眼进行训练，以增加训练难度。

训练视频

（三）器材：竖抱筒

图 2-9　竖抱筒

玩法一：

让幼儿站在竖抱筒上，双手抱住竖抱筒，双脚平放在筒上。在训练指导师或家长的协助下，前后或左右轻轻晃动幼儿身体，让幼儿保持身体平衡，逐步增加晃动的幅度和速度。也可以让幼儿闭眼进行训练，以提高训练的挑战性和趣味性。

玩法二：

让两个幼儿分别站在两个竖抱筒上，面对面站立，双手握住对方的手。两个幼儿通过协调动作，交替前后晃动竖抱桶，动作要保持同步。逐渐增加互动的节奏和幅度，也可以在晃动过程中加入简单的动作，如递球传球等，增加训练的挑战性和趣味性。

训练视频

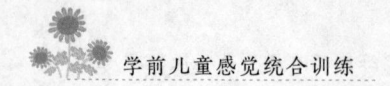

（四）器材：平衡台

图 2-10 平衡台

玩法一：

将左右或前后平衡台平稳地放在地上，训练指导师或家长辅助幼儿盘腿坐在平衡台上，确保幼儿背部挺直，头部抬起，双眼目视前方。鼓励幼儿通过左右或前后晃动手臂或身体来主动保持身体平衡。

玩法二：

幼儿站立在平衡台上，进行自主晃动，训练指导师或家长发出口令并做出动作示范，让幼儿站平衡台上拍篮球或玩平衡鱼，或玩套圈。

训练视频

三、骤起急停类训练

（一）器材：过河石

图 2-11　过河石

玩法一：

在地板上摆放几个过河石，让幼儿单脚从一块石头跳到另一块石头，每跳一块后可以换脚跳。此训练不仅能锻炼幼儿的前庭觉，还可以加强幼儿的腿部力量和保持身体平衡感。也可以逐步增加过河石之间的距离，或将过河石摆放成不规则形状，提高训练难度。

玩法二：

将不同高度的过河石进行组合并摆成一条直线或半圆、圆圈，让幼儿光脚踩着走过去，可以在训练过程中逐渐增加过河石的数量或不同高低之间的组合，以此增加训练难度。

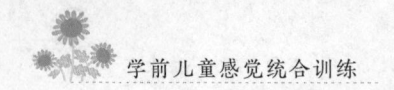

（二）器材：揪尾巴

图 2-12　揪尾巴

玩法一：

幼儿分成若干组，每组两人。游戏中一名幼儿将"尾巴"夹在自己的后腰部位。当训练指导师或家长发出开始的信号后，幼儿一方要想尽办法揪下另一方的尾巴。如果一方的尾巴被揪下，或者在游戏过程中尾巴自行掉落，该方出局，另一方获胜，该游戏可以多次重复。

玩法二：

给某个幼儿的尾巴上做特殊标记（如金色），听到指令后幼儿一起想办法揪这个尾巴，揪到这个尾巴的幼儿有额外奖励。

四、跳跃类训练

（一）器材：蹦床

图 2-13 蹦床

玩法一：

让幼儿站在蹦床中央，双脚稍微分开，身体保持平衡。刚开始训练时，幼儿可以用双手扶住蹦床护栏，逐渐让幼儿独立跳跃。训练指导师或家长逐渐引导幼儿轻轻向上起跳，然后稳定地落回蹦床上。鼓励幼儿保持节奏，每次跳跃时双脚要同时离地和落地，也可以变换不同节奏。该训练不仅能增强前庭觉，还能提高幼儿腿部的肌肉力量。

玩法二：

幼儿尝试在跳跃过程中进行前后翻滚、侧滚或跳跃转身、单脚交替跳等动作，逐渐增加动作的复杂性和连贯性。也可以在跳跃过程中加入伸展、踢腿等动作，提升训练难度。

训练视频

（二）器材：羊角球

图 2-14 羊角球

玩法一：

幼儿坐在羊角球上，双手握住羊角球的把手，单腿蹬地向前跳跃。幼儿熟悉单腿蹬地跳跃的动作后，保持身体稳定，逐步增加跳跃的距离和高度。

玩法二：

幼儿坐在羊角球上，双手握住把手，双腿同时蹬地向前跳跃。训练指导师或加家长引导幼儿进行短距离跳跃，逐步增加跳跃的距离和频次。也可以设置障碍物或路线，让幼儿沿着预定路线绕障碍跳跃，增加训练的挑战性和趣味性。

（三）器材：袋鼠跳袋

图 2-15　袋鼠跳袋

玩法一：

幼儿进入袋鼠跳袋，双脚放入袋内，双手握住袋口的边缘。训练指导师或家长引导幼儿在原地进行跳跃，保持身体平衡。也可以进行短距离的袋鼠跳，从一端跳到另一端，逐步增加跳跃的距离，并在途中设置障碍物，鼓励幼儿跳过障碍物，增加训练的挑战性和趣味性。

玩法二：

让两个或两个以上的幼儿同时进入袋鼠跳袋，进行合作跳跃。幼儿之间需要相互协调步伐和节奏，同时进行跳跃。也可以设置比赛环节，看哪个团队能够最快跳到终点，或在途中增加转圈、拍手等动作，增加训练的挑战性。

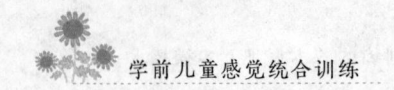

（四）器材：大笼球

图 2-16　大笼球

玩法一：

幼儿坐在大笼球上，双手扶住球的两侧，双脚自然垂下，训练指导师或家长轻轻上下震动大笼球，让幼儿随着球的震荡进行调整和保持身体平衡，逐渐增加震荡的速度和幅度。也可以让幼儿尝试闭眼进行训练。

玩法二：

幼儿手扶大笼球，下肢紧贴球面，身体缓慢向前倾斜同时屈膝跪在大笼球上，小腿正面与脚背尽量贴着球面，训练指导师或家长协助幼儿上下震荡，在这个过程中引导幼儿感受身体位置变化，并将注意力集中于维持身体平衡上。

（五）器材：弹跳球

图 2-17 弹跳球

玩法一：

幼儿站在弹跳球上，双脚分开与肩同宽或略窄，尝试小幅度地上下跳动，动作熟练之后逐渐增加跳动的高度和连贯性。

玩法二：

几名幼儿相距一定距离各自站在自己的弹跳球上，一名幼儿手持小球，将球依次传递给另一名幼儿，传递球的幼儿要保持身体平衡，站稳并顺利传递小球。

五、平衡姿势反应类训练

（一）器材：小滑板

图 2-18 小滑板

玩法一：

幼儿俯卧在小滑板上，双手抓住滑板两侧或前方把手，保持身体稳定，由训练指导师或家长慢慢推动滑板，使其缓慢360°旋转，逐渐加快速度。旋转过程中，尽量让幼儿保持身体平衡且放松，避免过度紧张。旋转停止后，幼儿保持俯卧姿势片刻，待眩晕感减轻后再起身。

玩法二：

让幼儿俯卧在小滑板上，以腹部为中心，身躯紧贴滑板，抬头挺胸，头颈部抬高，双脚并拢抬起，双手向前伸展，慢慢爬行移动。移动时可前进或后退，也可以通过手来控制方向，按指定路线行进，还可在原地做180°或360°的旋转。爬行过程中幼儿双手同时着地，手指张开，手掌和手指都紧贴地板，收缩手臂，对抗手掌和手指与地面的摩擦力，带动小滑板和整个身体移动。

训练视频

（二）器材：大滑梯

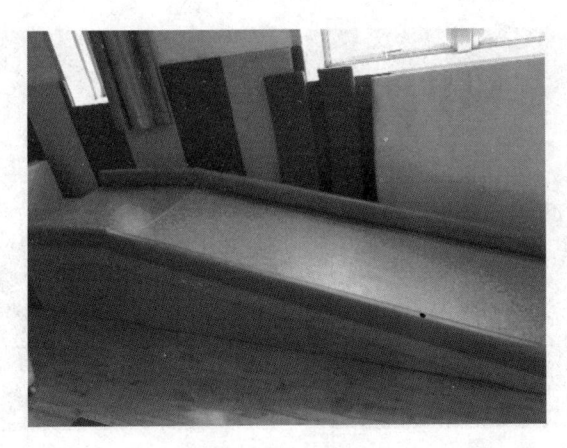

图 2-19　大滑梯

玩法一：

幼儿双脚朝前坐在大滑梯顶端，双手轻轻握住滑梯两侧的扶手，身体微微前倾，然后自然下滑。

玩法二：

幼儿坐在小滑板上，在训练指导师或家长的指导下，从大滑梯顶端向下滑行。

玩法三：

幼儿蹲在大滑梯下方，训练指导师或家长在大滑梯顶端向下扔海洋球，让幼儿使用纸杯接住海洋球。

玩法四：

幼儿俯卧在小滑板上，由大滑梯底部向上顶端往上爬行。

训练视频

（三）器材：平衡踩踏车

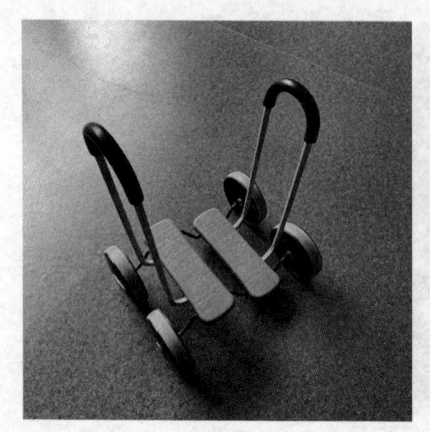

图 2-20 平衡踩踏车

玩法一：

幼儿站在平衡踩踏车上，双脚分别立于两个踏板，双手紧握扶手，身体微躬，双脚用力向下踩动踏板，使平衡踩踏车能匀速、平稳地向前或向后行进。

玩法二：

去掉扶手，幼儿平视前方，双脚踩动踏板向前行进，并在行进过程中接住训练指导师或家长抛过来的小球、毛绒玩具等物品。

训练视频

（四）器材：曲面平衡板

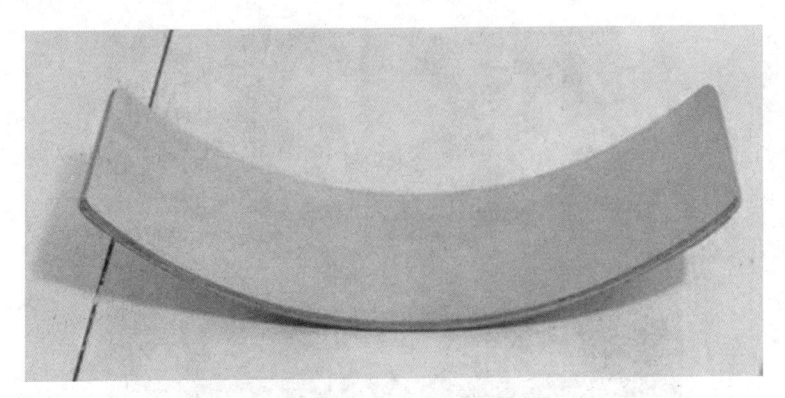

图 2-21 曲面平衡板

玩法一：

幼儿双脚站在曲面平衡板的两端位置，双脚与肩同宽，缓慢地将身体重心向左或向右移动，幼儿在曲面平衡板上左右晃动的同时能继续保持身体平衡，左右摇摆的幅度可以逐渐增大。

玩法二：

幼儿站立在曲面平衡板上，左右交替晃动平衡板，手拿 88 轨道，一边玩 88 轨道，一边保持身体平衡。

玩法三：

幼儿双脚站立在平衡板上，双手用棍子夹住前方的小球，将小球从左边筐里夹到右边筐里，同时需要保持身体平衡。

训练视频

（五）器材：S型平衡木

图 2-22　S型平衡木

玩法一：

将S型平衡木放在地面上，让幼儿光脚或穿着防滑袜子站在平衡木的一端。训练指导师或家长引导幼儿沿着S型平衡木缓慢前行，行进过程中，鼓励幼儿用双臂保持身体平衡，同时抬头目视前方，不要低头看脚下。

玩法二：

将S型平衡木放在地面上，让幼儿站在平衡木的一端。训练指导师或家长引导幼儿在S型平衡木上变换不同方位行进，如前进、后退、侧行等。也可以设置一些简单的口令，让幼儿依据口令进行变向，以此来增强幼儿的反应能力和前庭平衡感。也可以让幼儿边走S型平衡木边拍篮球。

训练视频

六、滚动类训练

（一）器材：体操垫

图 2‑23 体操垫

玩法一：

幼儿平躺在体操垫的一端，双手抱头，训练指导师或家长协助幼儿从一端向另一端做前翻滚。也可以将体操垫一端放置在一定高度的小平台上，如跳箱或特制木台，高度以幼儿能安全完成前滚翻为宜，一般为 30～50 厘米，让幼儿从小平台上自由滚落。

玩法二：

幼儿蹲立在垫子前端，双脚并拢，膝盖微屈贴近胸部，身体重心前倾，目视前方，臀部主动后坐，身体向后滚动，同时迅速屈膝抱腿，用背部依次着地滚动，利用惯性向后翻滚，身体带动臀部离地，当脚掌触垫后，恢复蹲姿，双手前伸保持平衡。

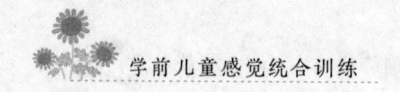

（二）器材：滚筒

图 2-24 滚筒

玩法一：

幼儿站在滚筒旁边，双脚与肩同宽，身体微微下蹲，眼睛注视着滚筒，双手可以自然下垂，也可以在身体两侧微微张开以保持平衡。幼儿轻轻跳上滚筒，双脚落在滚筒边缘的中间位置，一旦双脚站稳，就继续尝试小幅度的上下跳动，每次跳动的高度控制在 5～10 厘米，同时要注意身体保持平衡，膝盖要保持微微弯曲，以缓冲跳跃带来的冲击力。

玩法二：

幼儿爬进滚筒内，将手指和手臂张开，保护头部的同时颈部用力支撑头部，避免将头靠在筒壁上，训练指导师或家长轻轻推动滚筒，来回小幅转动。也可以先顺着一个方向慢速转动若干圈后，稍作停顿，再往相反的方向转动若干圈。

七、组合类训练

（一）小滑板、大滑梯冲滑训练

器材：小滑板、大滑梯

玩法一：

将小滑板放置在大滑梯上，幼儿俯卧在小滑板上，双手抓住滑梯两侧用力向下滑，滑下时双臂朝前伸展，双腿并拢，头抬高。可以在滑下的位置前方放上软垫，保护幼儿的安全。

玩法二：

将小滑板放置在大滑梯上，幼儿俯卧在小滑板上，双手抓住滑梯两侧用力向下滑，滑下时双臂朝前伸展，双腿并拢，头抬高。在幼儿滑下的前方，训练指导师或家长推个球给幼儿，要求幼儿再将球推回给训练指导师或家长，以此增强幼儿的空间认知能力及肌肉同时收缩能力，也可以训练幼儿自身的自我保护机制。

（二）滑梯冲入球池训练

器材：滑梯、海洋球池

玩法一：

将滑梯和海洋球池进行组合，幼儿从滑梯上俯冲滑下来之后可直接进入海洋球池，前庭觉得到丰富刺激。

玩法二：

将滑梯和海洋球池进行组合，在海洋球池前方放置一个大陀螺或筐子，幼儿从滑梯上俯冲下来之后，随机抓取一个小球，投掷于前方的大陀螺或筐子里。

八、徒手训练

徒手训练在训练实施形式上有较大的普适性，训练指导师或家长可根据幼儿的年龄、项目操作能力、躯体活动障碍程度、训练目的以及训练强度等选择合适的训练项目。

（一）游戏：原地转圈

让幼儿站着或者蹲着在原地转圈,游戏过程中让幼儿体验自身重心的高度。幼儿睁眼或者闭眼状态下体验上肢姿势、旋转速度和方向的改变。也可以让幼儿站立睁眼,快速旋转。幼儿从开立位开始旋转,双臂侧平举,脚下变换速度逐渐加快,有眩晕感后可直接卧地休息。

（二）游戏：红绿灯跑步急停

幼儿以一定速度沿预定路线跑步行进,并且依从训练指导师或家长不定时的指令"红灯""黄灯""绿灯"分别做"快速前行""慢速前行""停",完成行进中急停的动作练习。

（三）游戏：不倒翁

幼儿双腿盘腿坐下,两手抓住脚踝,屈背,然后身体向右后或左后方倾倒,脊柱两侧接触地面并得到挤压。幼儿连续进行动作的同时需要回答训练指导师或成人的提问或背诵古诗或完成数学计算题等。

九、日常生活训练

日常生活中,开展前庭功能训练的现成设备较多,训练指导师或家长可以充分利用这些条件。例如,让幼儿在床上或地毯上卧滚,肢体伸直舒展,训练指导师或成人助推幼儿臀部或肩部,使其进行翻滚,或者借助床单翻滚,效果更佳。也可以让幼儿在床面蹦跳,比如在成人的陪护下,让幼儿在席梦思床面上蹦跳。

在社区公园中,可以让幼儿走台阶、玩滑梯。公园的游乐设施,如过山车、跳床、充气宝等,具有强烈的前庭刺激功能,幼儿在这些设施上可以同时进行多方向的变速运动,刺激多个方面的前庭感受器。日常生活当中,也可以让幼儿去玩滑雪、滑冰、滑草、滑沙等游戏,进一步促进幼儿前庭功能的发展与完善。

第三章 学前儿童本体觉训练的基本原理及实操技术

本体觉是感受个体自身身体活动状态的感觉系统，人们的日常生活正是在本体感觉与中枢间的信息交流和反馈调节的基础上实现的，比如个体闭眼能够清楚知觉自身躯体各部位所处的位置，肢体的运动方式、方向、幅度、速度等运动和静止的各种要素，也能够在本体感觉信息输入的基础上和中枢的调控下完成非意识性的活动，如走路、吃饭和穿衣等。

第一节　学前儿童本体觉训练的基本原理

一、概述

本体觉是个体对自身所处的空间位置、运动状态及其变化的感觉。

（一）本体感受器的结构

本体感受器是位于肌肉及肌腱深处的特殊装置，感受肌肉及肌腱受牵拉的机械信息。本体觉的感受器称为本体感受器，它位于肌、腱、关节等运动器官上，名为肌梭和腱梭，因感受器分布的位置比较深，所以本体感觉又称深感觉。

肌梭是分布于骨骼肌内部的梭形小体，呈纺锤形，长1～7毫米，外被结缔组织囊,内含有 2～12 条细小的梭内肌纤维。感觉神经纤维末梢细支呈环状包绕梭内肌纤维的感受装置部位。

腱梭也称腱器官,分布于肌腱胶原纤维之间,与骨骼肌的梭外肌纤维串联,而且它不受运动神经支配,这两点与肌梭在骨骼肌中的情况有所不同。腱梭也呈纺锤形,其内的腱纤维束上缠绕着感觉神经末梢,这与肌梭感受装置的结构相似。腱梭的功能是当骨骼肌受到强力牵拉时反射性引起肌肉舒张。具体过程是:骨骼肌纤维收缩张力增加时,腱梭感受到来自骨骼肌的牵张力刺激而兴奋,冲动经感觉神经传入中枢,随后反射性地引起肌肉舒张。腱梭同肌梭一起感受个体肌肉活动状况,并将这些信息转变成神经冲动,确保个体在活动中维持适当姿势以及各肌肉活动间的协调。此外,关节囊也存在动觉感受器,感受关节韧带活动。①

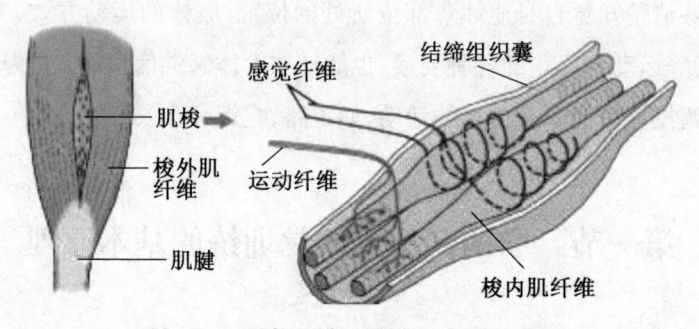

图 3-1 肌梭、腱梭及其神经纤维示意图

(二) 本体觉的功能

1. 感受运动状态,促进大脑功能的发展

儿童在运动中不断将运动觉的信息输入大脑,形成对躯体各个运动部位及其运动属性的感受和理解。在儿童发育历程中,有效的运动觉信息的输入刺激大脑相关区域的发展以及各级运动调控中枢功能的完善,促进中

---

① 周衍椒,张镜如. 生理学[M]. 3 版. 北京:人民卫生出版社,1997:258-259.

枢不同感觉通道之间的交流和沟通。

2. 促进运动发展，提高行为的表现力

本体感觉系统也是一个反馈调节系统，运动状态与本体感觉之间不停地进行信息沟通与交流，使得个体外在行为协调一致、流畅高效。个体的一举一动是否满足完成目标的需要离不开本体感觉实时传入中枢的信息。

（三）本体觉发育

在妊娠的中后期，胎儿开始出现活动，加上母亲的运动，胎儿的本体觉得到发展。本体觉的发展与其他感觉一样，也是一个随着中枢功能发展不断完善的过程。作为感受个体运动状况的感觉系统，本体觉发展与个体的运动能力发展相互影响。通常情况下，本体觉的形成从婴儿时期就开始了，出生后一个多月的婴儿就可以在母亲的怀里调整姿势，本体觉系统的完善可能一直持续到学龄期的后期。1~3岁的婴幼儿期是运动能力及本体感觉发展非常重要的时期，这个时期婴幼儿的翻身、滚动、爬行都能有效促进本体觉发展。3~6岁期间本体觉的功能更加精细、高效，使儿童的精细动作能够较好地进行，成人应多让幼儿自主活动，及早养成独自吃饭、洗漱、上厕所、做家务等好习惯。

二、学前儿童本体觉失调的表现及影响

本体觉感受躯体各部位所处的空间位置以及肢体的运动方式、幅度、速度等，它同前庭觉一起共同参与躯体姿态的维持、空间感知的形成以及躯体动作的精细调节。

（一）本体觉失调的表现

本体觉失调的儿童在身体形象辨别上存在一定困难，不能迅速准确感知、指认身体各部位的躯体动作，感知不敏感，动作方向、力度、幅度、速度控制不好，与身边物品相撞的现象时有发生，旧伤未消又添新瘀，互动时总让对方觉得不和谐。空间方位的感知，特别是体侧的感知和辨别存在困难，左

右不分,鞋裤反穿。本体觉异常影响儿童的阅读、书写、拼字及其他学习行为,如经常混淆38和83、我和找、人和入等,汉字书写笔画不光滑、比例失调,字间距、字体大小的前后不一致,铅笔头经常折断。①

(二) 本体觉失调对学前儿童的影响

1. 影响学前儿童的运动企划和基本活动能力

运动企划又称动作计划整合,是大脑在产生某一动机后,明确即将做出某种动作的目标,全盘分析考虑自身和环境的关系,对动作要素(如运动器官、方向、力度、幅度、速度等)加以设计,排列动作的执行步骤,形成动作组合,以便逐步付诸实践的过程。简言之,运动企划就是在形成特定动作之前在大脑内积极为之准备的过程和状态。一个完整的运动企划过程主要指动作的组织、计划和实施,除此之外,还包括接受反馈并存储动作经验。运动企划是儿童的个体意识、自身躯体感知运动系统和环境三者整合的过程,是儿童所有有意动作的基础。本体觉失调会影响儿童最基本的活动能力。

2. 影响学前儿童的学习

本体觉如果不能及时反馈和调节具体的运动状态,就会直接影响儿童的动作和行为的质量,主要表现在完成大动作和精细动作质量差。本体觉失调的儿童不能有效完成写字、阅读、听写、绘画、弹琴、体育活动、安静听讲等日常学习活动。由于不能有效控制发音器官,导致言语发育迟缓、口齿不清和表达不畅,影响了儿童的人际交往、间接经验的习得和抽象逻辑思维的发展。此外,由于动作的组织协调不良,本体觉失调的儿童常常表现得无精打采、坐立不安、小动作多、懒散无力、四肢不勤,缺乏参与集中活动或听课所必需的有效的动作组织和适度紧张的注意状态,因此,他们经常会受到教师和家长的负面评价,久而久之他们会失去对学习的热情和自信。

---

① 黄保法.感觉统合与儿童成长[M].上海:少年儿童出版社,2006:14-20.

3. 影响学前儿童的自我意识

自我意识是对自己所作所为的基本看法和态度,包括自我认识、自我体验、自我控制三个方面。学前期是儿童形成自我意识的关键期。本体觉作为感知自身躯体和调节运动的感觉,参与自我意识的形成。2岁前,儿童在自我认识方面,逐渐形成对身体的认识(知道自己的存在、能够分辨身体各部分和整体形象、会使用"我"等)、对自己动作和行为的意识、对自我心理活动的意识。在自我体验方面,本体觉是自信心和创造力的根源,人类身体的活动大多是在不知不觉中进行的,本体觉发展良好,大脑功能才能发挥自如,观察力敏锐,反应迅速,人生最重要的想象力、创造力才能丰富地发展起来。本体觉不成熟的幼儿更容易遇到挫折,而且经常受责备,自信心低落,也将影响其学习能力。在自我控制方面,从按成人的指示调节自己的行为,发展到 3 岁左右出现自我调节,5~6 岁能够自觉调整自己的行为。[①] 总体来说,本体觉失调的学前儿童不能精确地感知自己的躯体,不能有效地支配和控制自己的行为,最终形成不自信、低自尊、消极懒散、低落沮丧的性格特征。

第二节 学前儿童本体觉训练的实操技术

本体觉功能不是天生就具备的,需要后天的训练。本体觉接收器官遍布身体各个部位的肌肉、肌腱、关节、韧带等。本体觉训练对儿童发展运动企划能力、提高动作的精细程度以及不同肢体动作间的协调性有直接作用,它与前庭觉、视觉等感觉系统共同调控躯体平衡,并对儿童脑功能的发育、日常学习活动以及成年后工作生活产生广泛影响。

---

① 张丽霞.学前儿童发展心理学[M].武汉:华中师范大学出版社,2013:205.

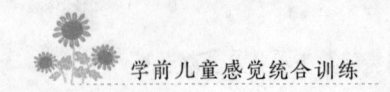

一、球类训练

（一）器材：大笼球

图 3-2 大笼球

玩法一：

让幼儿坐在大笼球上，双手扶住球体，保持身体平衡。训练指导师或家长可以轻轻推动球体，让幼儿自己调整姿势以维持平衡，在运动过程中感受自身身体部位的位置和变化。

玩法二：

让幼儿俯卧在大笼球上，双手撑地，训练指导师或家长缓慢向前或向后滚动球体，幼儿通过调整身体各部位保持稳定。

玩法三：

幼儿坐在大笼球上，身体上下缓慢晃动，手上玩弹力抛接球。

训练视频

（二）器材：篮球

图 3-3　篮球及篮球架

玩法一：

让幼儿闭眼原地运球，专注于感受球的反弹和手部的控制。也可以逐渐增加运球速度或尝试移动中闭眼运球。

玩法二：

让幼儿单脚站立进行投篮练习，另一只脚悬空。也可以逐渐增加投篮距离或尝试闭眼单脚投篮。

玩法三：

在地面上设置一些障碍物（如安全锥或过河石），或 S 形平衡步道，让幼儿运球绕行障碍物。也可以逐渐增加障碍物的密度或减小绕行空间。

训练视频

(三) 器材：足球

图 3-4　足球

玩法一：

给幼儿一个小足球，让幼儿用双脚轻轻夹住球，然后向前跳跃。在跳跃过程中，幼儿需要保持身体平衡，控制夹球的力度，避免足球掉落。

玩法二：

在距离幼儿 3~4 米的地方，放置一个小型足球门，让幼儿站在固定位置，尝试用脚将足球踢进小门。

玩法三：

播放节奏欢快的音乐，幼儿带着足球自由活动。音乐响起时，幼儿尝试用不同的力度和方式随意用脚触碰、滚动足球；音乐停止时，幼儿要立刻用脚踩住足球，保持身体平衡。

二、滚筒类训练

（一）器材：滚筒

图 3-5 滚筒

玩法一：

让幼儿站在大滚筒上，双手张开保持平衡，训练指导师或家长在一旁辅助，确保安全。随着幼儿能力逐渐提升，可以让幼儿尝试单脚站立或闭眼站立。

玩法二：

让幼儿俯卧在大滚筒内侧，双手抓住滚筒边缘，双脚撑在滚筒内壁上，训练指导师或家长轻轻前后滚动滚筒，幼儿调整身体部位，保持身体平衡。

（二）器材：荡桥

图 3-6　荡桥

玩法一：

让幼儿在荡桥上向前行走或向后退，保持身体平衡。

玩法二：

在荡桥上设置障碍物（如小垫子或标志物），让幼儿跨过障碍物行走。也可以逐渐增加障碍物的高度或密度，提高训练难度。

玩法三：

让幼儿在荡桥上闭眼行走，依靠身体感觉保持平衡。训练指导师或家长在一旁保护，防止幼儿摔倒。

训练视频

(三)器材:乌龟壳

图 3-7 乌龟壳

玩法一:

幼儿坐在乌龟壳上,双手抓住边缘,通过臀部移动使乌龟壳左右前后摇摆。

玩法二:

将乌龟壳倒放,即凹面朝上,让幼儿坐在乌龟壳里面,训练指导师或家长顺时针、逆时针交替缓慢旋转,让幼儿在运动中感知身体姿势变化。

玩法三:

将几个乌龟壳排成一圈,数名幼儿一起跟着音乐绕着乌龟壳边缘行走,音乐停止,幼儿抱着坐在乌龟壳背上。

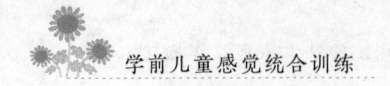

三、平衡木类训练

（一）器材：平衡木

图3-8 平衡木

玩法一：

让幼儿在平衡木上用交叉步行走，右脚向左前方迈步，左脚向右前方迈步，交替进行。

玩法二：

让幼儿在平衡木上单脚跳跃前进，一只脚跳几下后换另一只脚。也可以逐渐增加跳跃次数或尝试闭眼单脚跳跃。

玩法三：

给幼儿一个篮球，让幼儿将篮球沿着平衡木摆放的路线来回运球。

训练视频

（二）器材：四分之一圆

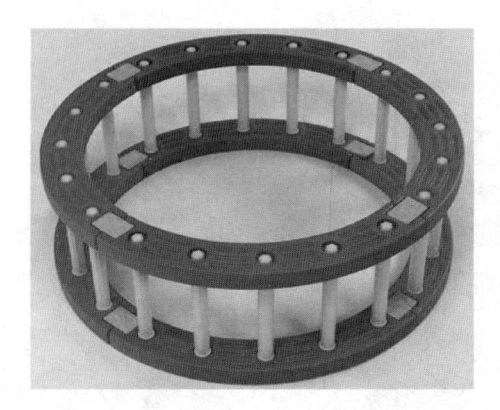

图 3-9　四分之一圆

玩法一：

让幼儿站在四分之一圆的弧面上，双脚分开与肩同宽，保持身体平衡。

玩法二：

让幼儿站在四分之一圆的弧面上，身体进行前后左右轻微晃动。也可以逐渐增加晃动幅度或让幼儿尝试闭眼晃动。

玩法三：

让幼儿站在四分之一圆的弧面上，进行抛接球练习。也可以逐渐增加抛接球的难度，如使用更小的球或增加抛接距离。

训练视频

四、其他器械训练

（一）器材：小滑板

图 3-10 小滑板

玩法一：

让幼儿站在滑板上，双脚平行，训练指导师或家长从后方轻轻助推滑板，让幼儿保持平衡直线滑行。也可以逐渐增加助推力度或延长滑行距离。

玩法二：

在地面上设置一些障碍物（如标志桶或小垫子），训练指导师或家长助推滑板，让幼儿绕行障碍物。也可以逐渐增加障碍物的密度或减小绕行空间。

玩法三：

让幼儿俯卧在小滑板上，将小滑板放在大滑梯顶部，幼儿由上至下安全滑下。

训练视频

（二）器材：蹦蹦床

图3-11 蹦蹦床

玩法一：

让幼儿在蹦蹦床上进行基本跳跃，双脚同时起跳和落地。也可以逐渐增加跳跃高度或尝试用不同的姿势落地，如双脚分开或双脚并拢。

玩法二：

让幼儿在蹦蹦床上跳跃时加入转体动作，如每次跳跃时转体90°或180°。也可以逐渐增加转体角度或尝试连续转体。

玩法三：

让幼儿在蹦蹦床上单脚跳跃，一只脚跳几下后换另外一只脚。也可以逐渐增加跳跃次数或尝试闭眼单脚跳跃。

（三）器材：单人踩踏车

图 3-12　单人踩踏车

玩法一：

让幼儿在平衡踩踏车上直线向前骑行或倒退骑行，保持身体平衡。

玩法二：

在地面上设置一些障碍物（如安全锥或小垫子），让幼儿骑平衡踩踏车绕行这些障碍物。也可以逐渐增加障碍物的密度或减小绕行空间。

玩法三：

让幼儿在平衡踩踏车上单脚骑行，一只脚踩踏，另一只脚悬空或轻轻点地。也可以逐渐增加骑行距离或尝试闭眼单脚骑行。

训练视频

（四）器材：双人协力踩踏车

图3-13 双人协力踩踏车

玩法一：

两个幼儿一起站在协力踩踏车上，同步踩踏踏板，保持相同的节奏和速度。

玩法二：

两个幼儿一起站在协力踩踏车上，交替踩踏踏板，一个孩子踩踏时另一个孩子休息，然后交换。也可以逐渐增加踩踏速度和持续时间。

玩法三：

两个幼儿背靠背一起站在协力踩踏车上，同步踩踏踏板，保持相同的节奏和速度。

（五）器材：袋鼠布袋跳

图 3-14 袋鼠布袋跳

玩法一：
幼儿站在跳袋内，双手抓住跳袋边缘，进行直线或 S 型、8 字型跳跃。

玩法二：
在地面上设置一些障碍物（如安全锥或过河石），让幼儿在跳袋内绕行障碍物跳跃。也可以逐渐增加障碍物的密度或减小绕行空间。

玩法三：
幼儿在跳袋内单脚跳跃，一只脚跳几下后换另一只脚。也可以逐渐增加跳跃次数或让幼儿尝试闭眼单脚跳跃。

（六）器材：独角凳

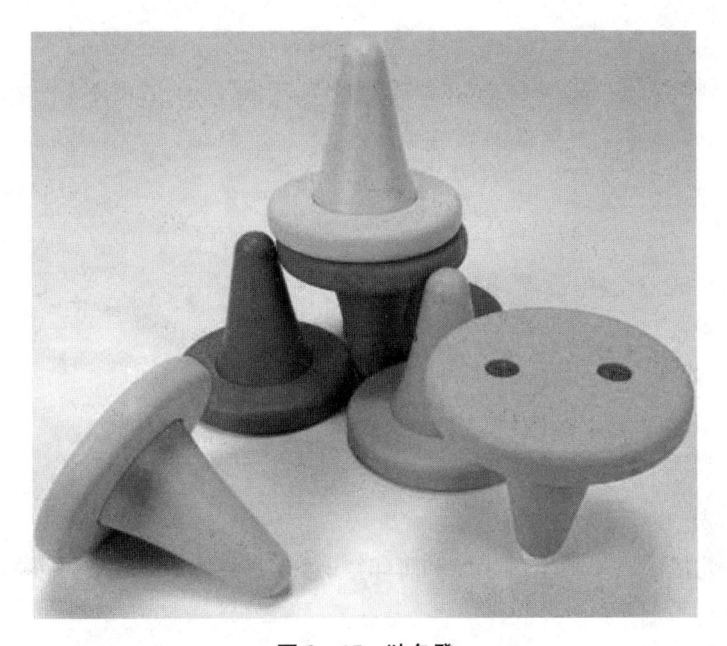

图 3-15 独角凳

玩法一：

幼儿坐在独角凳上，单脚离地，双臂打开，保持身体平衡。

玩法二：

幼儿坐在独角凳上，双脚交替离地，双手抓住独角凳边缘，身体慢速前后左右轻微晃动。也可以逐渐增加晃动幅度或尝试闭眼晃动。

玩法三：

幼儿坐在独角凳上，双脚交替离地，训练指导师或家长给幼儿抛球，幼儿双手进行抛接球练习。也可以逐渐增加抛接球的难度，如使用更小的球或增加抛接距离。

（七）器材：脚步器

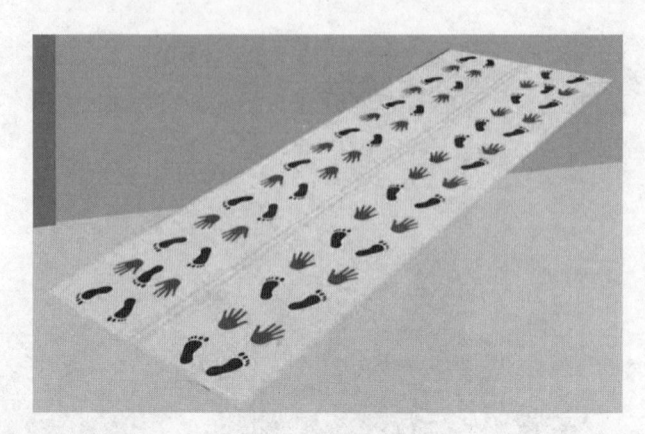

图 3-16　脚步器

玩法一：

幼儿按照脚步器上的手印和脚印，任意改变身体造型，从一端顺利走或跳到达另一端。

玩法二：

播放节奏韵律明显的音乐，要求幼儿按照节奏变化（如快慢，轻重等）踩踏脚印或用手拍打手印。

（八）器材：彩虹伞

图 3-17 彩虹伞

玩法一：

训练指导师或家长和幼儿一起拉起彩虹伞，根据音乐节奏的变化抖动伞面，模拟"海浪翻腾"的情景。幼儿从小肌肉抖动到大手臂甩动再到疯狂地跳跃起来抛甩彩虹伞最后慢慢地变安静。

玩法二：

训练指导师或家长和幼儿一起抖动彩虹伞，当音乐响起时，训练指导师或家长与幼儿一起在彩虹伞中踩伞泡；当音乐停止时，幼儿迅速停下来，摆个自己喜欢的造型。

玩法三：

幼儿围成一圈，抓住彩虹伞的边缘。训练指导师或家长和幼儿一起用力向上推伞，感受伞面的张力和阻力，然后缓慢放松，让伞缓缓下降。也可以一起尝试不同的力度和节奏，感受身体对力量的调节。

（九）器材：万象组合

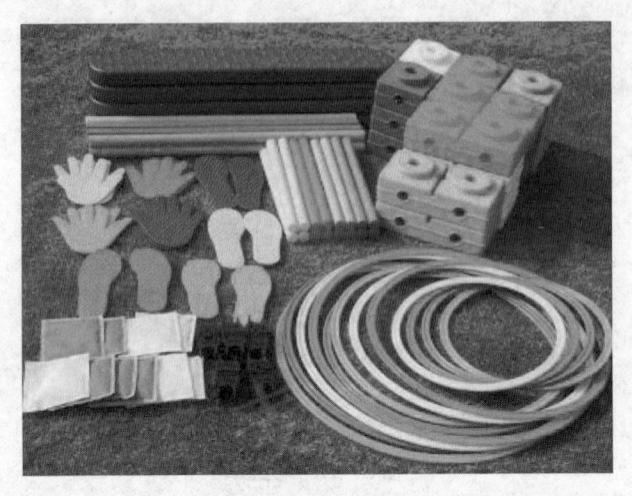

图 3-18　万象组合

玩法：

万象组合全套有 114 件，游戏过程中主要是对不同器材进行组合，针对幼儿感觉统合失调的特征，通过钻、爬、跑、跳等动作，使幼儿在训练活动中对自己的身体部位有更好的感知。如将体能圈组合成跳房子的格子，可以锻炼幼儿的弹跳能力。将长短不一的体能棒进行组合，可以让幼儿钻爬或跳跃。

训练视频

五、徒手训练

（一）游戏：人墙对攻

玩法一：

让幼儿面对墙壁站立，双手撑墙，用力推墙并保持姿势 10~15 秒，随后放松。可逐渐增加推墙时间和力度。

玩法二：

让幼儿侧身站立，靠近墙壁，用靠近墙的手臂撑墙，身体向墙倾斜并保持平衡 10~15 秒，随后换另一侧。

（二）游戏：听指令做动作

玩法一：

幼儿闭眼，双手背后，在听到训练指导师或家长说指鼻子或摸耳朵的指令时，能迅速完成相应动作。

玩法二：

幼儿在闭眼状态下，能通过训练指导师或家长的协助，准确完成倒走、侧行、跨越障碍物等活动。

六、日常生活训练

儿童本体感觉功能的发展主要依赖日常生活中的各种身体活动。对于存在本体感觉功能失调的儿童而言，加强室内户外各种日常身体活动仍然是非常有效的训练途径，比如跳皮筋、跳绳、踢毽子、打沙包、跳房子、老鹰抓小鸡、丢手绢、双人三足、游泳、骑车、轮滑、登山、体操以及各种球类运动，都可以有效改善儿童本体感觉失调的程度。

第四章 学前儿童触觉训练的基本原理及实操技术

触觉感受器是分布最广、类型最多的感受器。触觉及其他肤觉的感受器与神经系统均源于胚胎发育中的外胚层，同根同源。触觉及其他肤觉的感受器是影响人们生活、学习活动最为广泛的感受器。

第一节 学前儿童触觉训练的基本原理

一、概述

触觉是体表受到压力、牵引力等机械作用时相应的感受器所引起的肤觉之一。狭义的触觉，指刺激轻轻接触皮肤触觉感受器所引起的肤觉。广义的触觉还包括压觉（增加压力或持续刺激皮肤所引起的肤觉），所以一般把这类肤觉统称为"触压觉"。触觉、温度觉和痛觉等皮肤感觉合称肤觉。

（一）触觉感受器的结构

触觉感受器是人体涉及面最广的感受器官。神经末梢和特殊感受器广泛地分布在表皮、真皮及皮下组织内，以感知体内外的各种刺激，做出相应的神经反射。触觉感受器主要有三种：梅克尔氏小盘、麦斯纳氏小体和感受触觉刺激的神经末梢，它们的功能各不相同，感受的刺激属性也不一样。

触压觉的绝对感受性在身体表面的不同位置有很大区别。一般来说，活动程度较大的地方触压觉的感受性较强。头面、嘴唇、舌和手指等部位的触觉神经末梢分布极为丰富,触觉敏感性高,而背部的敏感性较低,躯干及四肢的敏感性居中。触觉两点阈值(用测触器刺激两个点,能感觉为两点而不是一点的最小距离)可以作为衡量皮肤触觉的感受性大小的指标。这个阈值因皮肤上不同部位而异,如舌尖的阈值约为1.1毫米,手指尖端约为2.2毫米,手掌约为9毫米,而背部则达到67毫米。[1][2]

(二) 触觉的功能

皮肤的各种感觉器官是个体感受内外环境变化的重要感受器,也是个体间进行交流和认知学习的重要信息获取途径。

1. 感知功能

体肤的触觉感受器可以感知刺激表面的光滑程度、刺激物的质地、刺激的强度以及刺激的面积大小等,可以感受静态物体的形状、大小等线性度量和立体构象,可以感受动态的刺激,如刺激变化方向和振动大小等。

2. 防御和保护功能

个体能够对触压、冷热及疼痛等刺激做出合适的行为,躲避伤害,保护自身的安全。

3. 肌肉及心理放松

刺激触觉感受器及其神经末梢可以起到舒松紧张的肌肉和心理状态的作用,如伸一伸懒腰、洗浴按摩体肤,可以使紧张的肌肉和心绪得以放松。母亲的轻拍和拥抱会使婴儿的哭闹立刻终止,破涕为笑。

4. 传递个体间的情感

触觉可以表示亲密、善意、温暖与体贴之情,在儿童的发育过程中,成人的抚摸、拥抱、亲昵等触觉刺激,对儿童形成良好的情绪情感至关重要,也是成人抚育子女的最基本手段。

---

[1] 于频.系统解剖学[M].北京:人民卫生出版社,1997:261.
[2] 左明雪.人体解剖生理学[M].北京:高等教育出版社,2003:156.

5. 奖惩功能

抚摸、轻拍等轻柔的体肤接触有鼓励作用,而击打、掐扭等过重的刺激会向刺激接受者传递不满情感,使其行为受到惩戒。

(三) 触觉的发育

皮肤触觉是个体感觉系统中最先发育的,其中触觉和痛觉最早出现,胚胎第 7 周的口周围就有触觉感受器,随后发展到面部、四肢及全身,胚胎第 11 周的手和脚出现肤觉感受器,胎儿第 20 周感受器遍及全身皮肤。从外周到大脑皮层的感觉通路直到胎儿第 29 周才形成,晚于皮肤感受器的形成。[1] 新生儿的体肤触觉已经非常敏感,结构及其基本功能发育成熟,出生后的 1~2 个月内就对各种触觉刺激做出相应的反应,这是他们认识新世界的主要渠道。在儿童的整个发育期内,触觉仍然是儿童认识外部世界和自我形象非常重要的信息通道,比如学龄前儿童总喜欢摸、捏、挤、压接触到的目标。

二、学前儿童触觉失调的表现及影响

(一) 触觉失调的表现

触觉功能异常是儿童感统失调在肤觉方面的集中表现,其实肤觉的其他方面如温度觉、痛觉等也会存在问题。肤觉在辨别躯体接触类刺激和自我保护方面起着非常重要的作用。触觉功能异常儿童有的表现为触觉过于敏感,害怕身体接触,如成人帮助其穿脱衣服、抓痒、洗澡、剪指甲时会做出反抗,更有甚者,当他人表现出接触其身体时就会发出尖叫"离我远点儿""不要碰我"等;有的儿童的触觉反应或其他肤觉又非常迟钝,表现出吸吮手指、咬食手指甲,更有甚者会出现自虐行为,如揪头发、咬手指、玩生殖器、扭打/抓刮体肤、头撞墙体等。儿童触觉等肤觉功能防御异常会导致多种不良后果,如身心不安、活动过度、胆小、害怕陌生环境、害羞、黏人、怕黑暗环境、

---

[1] 蔡文琴.发育神经生物学[M].北京:科学技术出版社,2007:496-497.

偏食、挑食、不喜共享、情绪反应过度、注意力不集中、耐心不足等。儿童触觉功能异常也会导致其学习、交往方面的问题。

（二）触觉失调对学前儿童成长的影响

1. 影响学前儿童认知能力的发展

（1）影响物体知觉的形成

婴儿出生后，借助各种感知和动作获得对物体的初步印象。触觉提升了幼儿的整体感知能力，进而提升了幼儿对物体的整体认知能力。触觉失调的学前儿童难以准确分辨物体的形状、大小等特点。

（2）影响动作的发展及其灵活性

无论是大肌肉动作还是精细动作，触觉的辨别敏锐度过低会影响婴幼儿动作反应的灵活性，触觉失调的学前儿童行为举止显得笨手笨脚。

（3）影响思维的发生发展

直觉行动思维是指婴儿凭借直接感知和行动进行思维活动，离开了感知和动作，思维无法进行。整个学前期，当幼儿遇到难题时也会倾向运用这种思维来寻求解决问题的答案。学前儿童理解和解决问题离不开触觉。

（4）导致学习困难

不管是口腔吸吮、手的触摸，还是操作动作，都是婴幼儿学习的开始和主要方式之一，触觉失调直接导致学前儿童学习困难。触觉反应迟钝的儿童，触觉辨识能力差，思维反应慢，难以从直接感知和操作中总结、提炼经验，因此缺乏好奇心和学习的积极性，学习表现不佳。

2. 影响学前儿童社会性的发展

（1）没有安全感

触觉敏感的学前儿童难以忍受一般的外界刺激，寻常的触碰都可能引起激烈反应，他们对环境中的新异刺激更是无所适从。儿童长期处于一种紧张和惶恐不安的状态中，对陌生的人和环境缺乏安全感，进而转向依赖熟悉的亲人，表现出黏人的特点。

（2）人际关系紧张

为了自我防御，触觉失调的儿童要么经常地攻击他人，要么倾向拒绝交流。如果成人不能理解触觉失调儿童的困扰,往往对他们的行为做出消极否定的评价和反馈,在家庭中会造成亲子关系紧张,在幼儿园中会导致师幼关系、同伴关系不佳。

(3) 皮肤饥渴症

缺乏双亲拥抱、亲吻、爱抚等亲密的肌肤接触,无法启迪学前儿童积极感受和主动寻求人际关系中的亲密感和安全感,严重的会陷入孤独。

(4) 自我情绪体验差

触觉失调的幼儿无法与客观环境和人建立起和谐的互动,因此身心经常处于一种不平衡的状态,也会伴随各种糟糕的情绪体验。

(5) 个性孤僻不合群

触觉失调的幼儿由于长期逃避交往,人际摩擦不断,形成了孤僻不合群的个性,并逐渐形成内向、胆小、自卑、软弱、固执、没有耐心和恒心等不良的个性特征。

3. 影响学前儿童的生长发育

(1) 影响大脑发育

儿童发育成熟的皮肤上的神经纤维和神经末梢十分丰富,不同位置的皮肤感受的触觉信息不同,这些触觉滋养着神经系统,触觉的敏锐程度会影响神经系统和大脑的觉醒程度,进而影响大脑的整体功能。

(2) 影响身体发育

触觉失调的学前儿童如果缺乏触觉的滋养,会抑制迷走神经的活动,生长激素、胰岛素分泌减少,影响消化吸收,身高体重发育迟缓,体格瘦弱矮小。20世纪40年代,美国儿科医生通过临床试验证明,医护人员每天的搂抱爱抚能有效降低早产儿的夭折率,皮肤接触是人类正常生长发育的必要条件。婴幼儿抚触的研究也证明,按摩可以使婴儿安静入睡、较少哭闹,还可以促进血液循环,保持皮肤的清洁和弹性,增加奶量摄入等,对婴儿的成长十分有益。

第二节　学前儿童触觉训练的实操技术

触觉功能训练是依据触觉感受器及其传导通路的独特性来设计的。触觉感受器有许多类型，不同感受器的适宜刺激属性不同。在现代的感统训练中，触觉功能训练不能只局限于触压觉的训练，还包括皮肤觉所有功能的训练，特别是痛觉的训练。

一、球类训练

（一）器材：大笼球

图 4-1　大笼球

玩法一：

幼儿俯卧或仰卧在地垫上，将大笼球放置在幼儿躯体上，训练指导师或家长可以上下、前后、左右或者螺旋式等多种方向来进行滚压，这样能够有效刺激幼儿的触觉系统。

玩法二：

训练指导师或家长坐在地上，双腿伸直，将大笼球放在腿上，让幼儿趴在大笼球上，训练指导师或家长通过腿部的力量使大笼球上下起伏或左右摆动，给幼儿带来不同的触觉体验，每次操作时间持续3～5分钟。

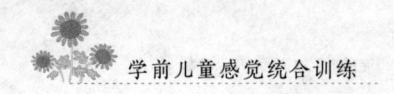

（二）器材：按摩球

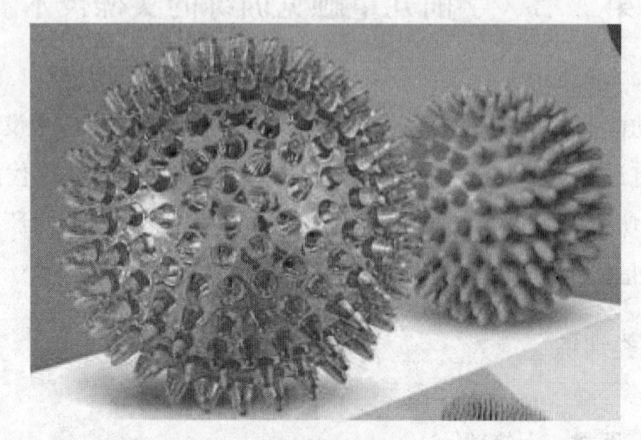

图 4-2　按摩球

玩法一：

准备多个按摩球，让幼儿围成一圈坐下，将按摩球依次传递。在传递过程中，幼儿需要用手接触球并快速传递给下一个幼儿。也可以加快传递速度以此增加游戏的趣味性，锻炼幼儿的反应能力和触觉敏感度，每次传递进行 2~3 圈。

玩法二：

在地上画一条直线，让幼儿光脚站在直线一端，将按摩球放在脚底，沿着直线慢慢向前滚动按摩球，让脚底充分接触按摩球，通过脚底感受来自不同的压力点，来回进行 3~5 次。

玩法三：

让幼儿用手指捏压按摩球，感受按摩球的弹性和柔软度。也可以让幼儿比赛，看谁捏压的次数多。或者要求幼儿按照一定的节奏进行捏压，如快速捏压 10 次，然后缓慢捏压 5 次，重复进行 3~5 组。

（三）器材：触觉刷

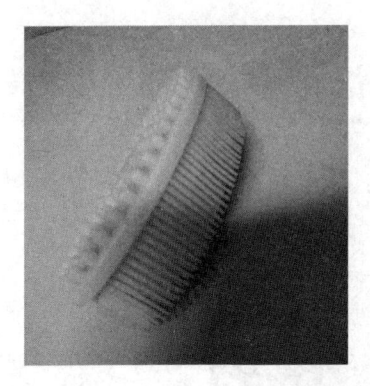

图 4-3　触觉刷

玩法一：

准备多个触觉刷，训练指导师或家长与幼儿站成一排或坐成一圈，将触觉刷依次传递，传递过程中每个人都要用触觉刷在自己身体的某个部位刷一下再传递给下一个人。

玩法二：

让幼儿躺在舒适的垫子上，训练指导师或家长用触觉刷从幼儿的头部开始，轻轻顺着头发刷，然后依次刷脸部、颈部、手臂、手掌、胸部、背部、腿部、脚部等全身各个部位，按照从上到下、从左到右的顺序，每个部位刷1~2分钟，根据幼儿的接受程度适当调整力度，以幼儿感觉舒适为宜。

（四）器材：羊角球

图 4-4 羊角球

玩法一：

让幼儿坐在羊角球上，双手握住羊角，双脚蹬地使羊角球上下弹跳。在弹跳过程中，幼儿臀部和腿部会与球不断接触，感受到球的弹力和触感，每次可弹跳 5~10 分钟，也可以根据幼儿的体力和状态及时进行调整。

玩法二：

幼儿双手抱住羊角球，身体蜷缩，训练指导师或家长轻轻推动幼儿，让幼儿和羊角球一起在柔软的地垫上滚动。滚动过程中，幼儿身体各部位会与球和地垫产生不同的接触和摩擦，幼儿身体会全方位感受触觉刺激，每次滚动 3~5 分钟，滚动方向和速度可适当变化。

（五）器材：花生球

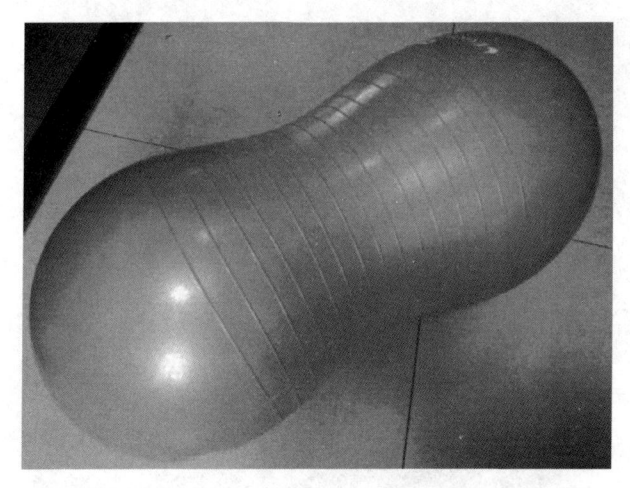

图 4-5 花生球

玩法一：

幼儿坐在花生球上，双脚分开与肩同宽，脚掌踏在地面上，训练指导师或家长在旁边一个手扶住幼儿的手臂或腰部，另一个手轻轻助推花生球，让幼儿尝试保持身体平衡，感受花生球的不稳定性和对臀部及腿部的压力，每次保持平衡3~5分钟。

玩法二：

幼儿俯趴在花生球上，在训练指导师或家长的协助下，幼儿借助下肢和上肢的运动，推动花生球滚动，身体向前行，直到球放置于脚踝处，其间幼儿需要保持身体水平，随后反向运动直到球置于前胸部，如此反复3~5次。然后背侧进行滚压训练，训练指导师或家长帮助幼儿头枕球体，借助下肢运动推动球体，直到坐在球体上，随后返回，如此反复3~5次。

二、滚筒类训练

（一）器材：滚筒

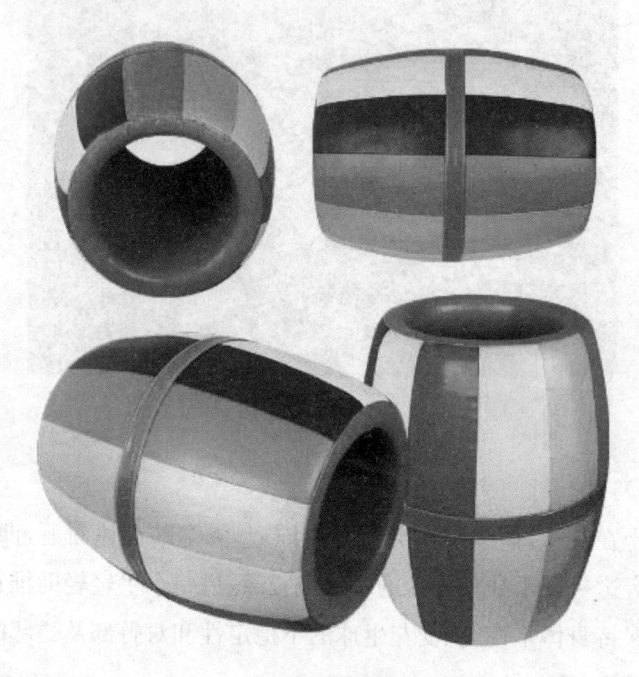

图 4-6 滚筒

玩法一：

将三四个滚筒组合在一起，让两个或多个幼儿一起进入滚筒，手拉手或相互配合在滚筒内爬行。游戏过程中幼儿的身体会相互接触、碰撞，同时与滚筒内壁接触，身体能感受到多种触觉刺激，可以有效锻炼幼儿的合作能力和触觉感知，每次游戏时间为3~5分钟。

玩法二：

将三四个滚筒进行组合，在滚筒内每隔一段距离设置一些低矮的软质障碍物，让幼儿倒退着钻爬并跨越障碍物，进一步增强幼儿的触觉敏感度和身体灵活性，每次跨越2~3个障碍物。

（二）器材：阳光隧道

图 4-7 阳光隧道

玩法一：

在阳光隧道两端放置不同的音乐盒或有声玩具，幼儿倒退爬行时，需要根据声音判断方向，同时身体感受隧道触觉刺激。

玩法二：

在阳光隧道内放置不同材质的物品，如毛绒布、塑料片、粗棉布等，让幼儿在爬行时用身体去感受和分辨，说出或指出摸到的物品材质。

玩法三：

将几个阳光隧道进行组合放置于平坦地面，让幼儿蹲着在隧道内前进，这种姿势能让幼儿的腿部和脚底充分感受隧道内的空间和触觉，有效刺激幼儿的触觉系统。

训练视频

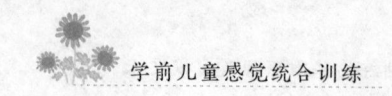

三、球池训练

（一）器材：海洋球池

图 4-8 海洋球池

玩法一：

让幼儿站在海洋球池中，训练指导师或家长将海洋球慢慢覆盖在幼儿身上，直到将幼儿的大部分身体被球掩埋，让幼儿感受海洋球对身体各个部位的挤压和触碰，每次埋球时间可维持3～5分钟。

玩法二：

在海洋球池中藏入一些不同材质的物品，如塑料玩具、毛绒小玩偶、橡胶小方块等，让幼儿在球池中寻找。幼儿在触摸海洋球的同时，通过触觉分辨找到目标物品。

玩法三：

让幼儿在海洋球池中双脚交替跳跃，感受海洋球在脚下的弹性和不稳定性，海洋球对其脚底产生丰富的触觉刺激，每次跳跃持续3～5分钟。

玩法四：

鼓励幼儿在海洋球池中自由翻滚，身体与海洋球充分接触，全方位感受触觉刺激。幼儿可以向前、向后或向侧面翻滚，每次翻滚持续2～3分钟，进行3～5次。

（二）器材：平衡触觉板

图 4 - 9　平衡触觉板

玩法一：

将平衡触觉板放在地面上，幼儿赤脚站在触觉板上，双脚稍微分开，训练指导师或家长引导幼儿在触觉板上保持静止，尽量站稳，感受触觉板的不同纹理。也可以鼓励幼儿闭上眼睛，增加难度，进一步提高身体的感知能力。

玩法二：

让幼儿站在触觉板上，双手张开以保持平衡，训练指导师或家长引导幼儿在触觉板上进行各种动作，如上下摆动、前后倾斜、左右旋转等。也可以设置一个简单的路线，让幼儿沿着路线在触觉板上行走，增加训练的多样性。

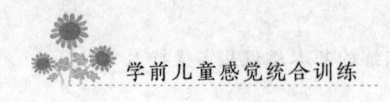

四、徒手训练

（一）游戏：拍拍打打

幼儿在放松状态下坐着或者平躺，训练指导师或家长对幼儿躯体进行拍打或者搓揉。训练过程中需要考虑拍打、搓揉的轻重、快慢、节奏变换等，训练指导师或家长也可以根据幼儿着装薄厚等综合因素进行适当变换，提高幼儿训练的兴趣以及训练的效果。

（二）游戏：按摩放松

幼儿运动前或者运动后，训练指导师或家长用手搓揉幼儿四肢，放松肌肉，或者训练指导师或家长用脚搓揉幼儿的下肢及背部等。放松按摩时，要求幼儿尽可能舒展肌肉，心情放松，闭眼体验搓揉的感觉。

（三）游戏：我画你猜

幼儿闭眼静心，在放松状态下，训练指导师或家长在儿童躯体上（也可以隔着薄衣服）画图形、数字、运算符号，写数字、文字、英文字母等，让幼儿通过触觉来识别所写内容。

五、日常生活训练

利用日常生活环境及相关资源，就可对幼儿进行触觉功能训练，如洗澡、搓背，让幼儿迎面感受吹风、玩滑梯、玩沙、玩水、玩泥巴等，都可以让幼儿体肤接受丰富的刺激，准确理解各种刺激属性，能够进一步促进幼儿触觉功能的发展与完善。

第五章
学前儿童视听觉的基本理论及实操技术

视知觉失调、听知觉失调目前已成为学前儿童在学习上的严重障碍,通常表现为"粗心大意""听而不见""充耳不闻""忘记作业""字迹潦草"等各种不良的学习现象。学前儿童的视听觉失调在幼儿期已经初见端倪,如果成人能够细心观察,及早发现,抓住学前期这个矫正的关键期,进行充分而有针对性的补偿训练,可以有效防止或减轻学前儿童的学习问题。

第一节　学前儿童视听觉训练的基本原理

一、概述

（一）概念

视知觉是眼睛接受光刺激并将其转化为电能,通过视知觉神经通路传导到大脑所产生的感觉,其本质是大脑对直接作用于视觉器官(眼睛中的视网膜)的客观事物的光属性的整体反映(形状感、色彩感、动态感、方位感等)。人类信息总量的80%是通过视觉获得的。

听知觉是鼓膜接受声刺激将其转化为电能,通过听知觉神经通路传导到大脑所产生的感觉,其本质是大脑对直接作用于听觉器官(耳蜗)的声刺激(音色、强弱、快慢、高低等)整体的反映(方位感、距离感、意义)。人类信息总量的 10%是通过听觉获得的。

（二）视听感受器的结构

视觉感受器分布在视网膜上，根据形状的不同可分为视锥细胞、视杆细胞。视锥细胞有 600～800 万个，主要密集分布在视网膜黄斑部位的中央凹，视网膜周围区分布较少。在昼光环境中，以视锥细胞感光为主，主要司职明视力、有色觉及精细视觉。视锥细胞按光谱敏感性可分为三类，分别对红、绿、蓝光有最佳反应。视杆细胞有 1 亿个以上，主要镶嵌分布在视网膜周边区，在中央凹处无分布。视杆细胞光敏度高，视敏度（视力）低，对暗光敏感，但分辨能力差。在夜光环境中，以视杆细胞感光为主，主要司职暗视力、无色觉，不能做精细的空间分辨。

听觉系统的激活是一个复杂的过程，声波经过外耳接收、中耳传导，最后至内耳转导形成动作电位。双耳位于人体头部两侧，由外耳、中耳、内耳构成，具有双重感觉能力，既是听觉器官又是前庭平衡觉器官。内耳迷路耳蜗中的蜗管是听觉感受器，专门负责听觉。

（三）视听觉的功能

视觉有三个主要功能：一是了解物品的细节及其所处的空间位置；二是维持身体姿势；三是了解我们自身所处的空间位置。视觉系统在脑干和皮质水平与前庭系统具有非常密切的神经解剖和功能联系，视觉和前庭觉的整合功能对一个人在空间中有效地移动至关重要。动眼神经控制眼球运动，包括扫视、追视及瞳孔收缩，使人能够从环境中收集有意义的信息，发展对物体特征及其属性的认知和空间知觉。[1]

听觉的功能表现在以下四个方面：(1) 影响人类社会交往，如果幼儿听觉功能发育不良，会严重影响他的社会交往能力。(2) 影响幼儿语言的发展，因为只有听得见才能说得出，听觉功能障碍会影响幼儿语言的正常发展。(3) 影响幼儿构建听觉空间，听觉空间是 360°的，幼儿可以通过听觉来

---

[1] 安妮塔·邦迪，雪莱·莱恩.感觉统合理论与实践[M].韩平,艾坤,译.厦门：厦门大学出版社,2022.

判断他人所处的位置。(4)影响儿童的潜意识发展,听觉功能正常的儿童可以闭上眼睛回想某个人的声音,但是对于听觉功能失调的儿童来讲,没有掌握这个技能会对他的潜意识影响很大,在心理上也会产生很大的影响。有专家曾做过统计,小学生50%的上课时间是在听老师讲话,但教师经常遇到这样一些学生:上课不能长时间听讲,注意力分散;记不住或记不全老师口头布置的家庭作业或其他事情;无法理解老师讲课的内容,复述事情语无伦次等,然而这些学生的智商又属于正常范围。其实,这些学生是缺少一种重要的能力——听知觉能力。[①]

(四) 视听觉的发育

胎儿在母体内就开始接受微弱的光刺激,开启了视觉发展之路。从16周起,胎儿就对光线有感觉;第26周会张眼皮、眨眼睛,能看模糊形状;第32周会通过侧脸、闭眼来躲避强光,引发胎动,前庭刺激引发眼振。出生后的婴儿在外界丰富的光刺激环境下,视觉发展迅速:从出生时的只能分辨光亮与黑暗,只能看到20~30 cm内,视力不到0.05的"大近视",到满月时视力发展到0.1,能看对比色(黑白、红绿、蓝橙等),到6个月时视力为1.0,基本达到成人水平。视觉在婴儿出生时的感觉系统中发展水平是最低的,需要经过几年的颜色知觉、形状知觉、空间知觉的发展才能逐步成熟。生理学研究表明,缺乏适度的视觉刺激,视锥细胞无法成熟,视觉神经通路无法建立,神经中枢大脑枕叶视觉区无法发展。

视觉系统中的技巧发展依赖于出生前与出生后的经验。研究表明,在出生后的关键时期,缝合的眼睛即使后来被打开,视力剥夺也会导致其失明。只有当眼睛闭合的时间较为短暂,失明才是可逆的。例如,若有患先天性白内障,则尽早切除是很重要的。国外研究表明,矫正视觉剥夺性弱视并达到足够视力的关键是在17个月龄前进行白内障摘除。另有研究报告指出,若没有在10岁之前摘除白内障,尽管颜色知觉可以恢复正常,也会导致操作形状知觉的永久性损伤。其他有关视觉剥夺发生率的研究也支持此发

---

① 张楠.婴幼儿感觉统合教育实操教程[M].上海:复旦大学出版社,2024:18.

现。经验对正常视知觉的发展至关重要,因此它影响了皮质细胞之间的联结。①

研究证实,胎儿在出生前几个月听觉已经发育得很好,可以接受母体本身和外界的声音刺激。胎儿在觉醒状态下会寻声转头。有实验证明,对于胎儿期常听到的母亲的心跳、父母的声音,胎儿不仅有听觉能力,还有听觉记忆;不仅有声音定向力,还会转头寻声。胎儿还有声音偏好,如偏好母亲的声音、柔和音、高音。听觉敏感性(听力)会随年龄的增长而提高,直到13岁前听力还在一直增长中。

最新研究表明,妊娠20周的胎儿就已经具备了听觉能力,6个月以上的胎儿对母亲的声音已经能够产生反应,8个月的胎儿会对不同的乐曲有不同的反应。法国心理学家贝尔纳就做过一个有趣的实验,他从孕妇妊娠第8个月起,定期让胎儿听俄罗斯作曲家普罗科菲耶夫的作品《彼得和狼》和巴松管的录音(声音放在母腹上方2.5 cm处),这时胎儿会用力蹬腿,显然这是对乐曲的反应。当婴儿出生后,一听到这些乐曲,就会停止叫喊和哭闹,大有"似曾相识"之感。此项研究发现为胎儿实施音乐胎教、语言胎教提供了理论基础。另有研究发现,1~4个月的婴儿就对人类的语言产生了特殊的敏感,喜欢听人类的语言,尤其是熟悉人的语言,如对母亲声音有偏爱。这种对嗓音的敏感性以及已经发育的听觉器官,为婴儿早期的咿呀学语提供了条件。婴儿与成人的"对话"从出生第1~2个月就开始在母婴之间进行,一直可以延续到1岁以后。这些研究发现表明,婴儿对语言信号频率特征的分析是非常精确的;幼儿在发清某些音之前,就已经能正确辨别这些音。美国心理学家鲍厄(1977)提出,婴儿的耳朵较成人小。由于耳朵的大小不同以及婴儿耳内基膜纤维较短的缘故,婴儿接收振动频率的范围大,因此成人不能听到的某些尖细的声音或高音哨声,婴儿都能听到。而听觉能力在成年期开始逐渐降低,20岁以后,每增加10年,听觉能力都有所下降。到老年期,高频率部分的听力基本丧失。②

---

① 安妮塔·邦迪,雪莱·莱恩.感觉统合理论与实践[M].韩平,艾坤,译.厦门:厦门大学出版社,2022.
② 张莉娜.学前儿童语言教育[M].北京:清华大学出版社,2025:36.

二、学前儿童视听觉失调的表现及影响

（一）视听觉失调的表现

幼儿视知觉统合失调的主要表现有：眼睛注视事物不稳定，阅读中容易出现跳字、漏行，读多遍仍无法流利阅读，经常出现多字或者少字的现象；书写时，字体的偏旁部首顺序颠倒，甚至表现出不识字、抄错题、难以辨别图像的细微差异；在空间知觉方面，空间感知能力差。

幼儿听知觉统合失调的主要表现有：听力完全正常，却充耳不闻，对家长和老师说的话像"耳边风"似的；听他人讲故事时显出不耐烦的样子或东张西望，经常打断别人说话；上课时爱走神、做小动作，经常因为外界的细微干扰而分心；复述故事时颠三倒四、逻辑不清或遗漏很多信息；喜欢无端尖叫或自言自语；对巨响反应较弱，甚至无反应；喜欢自己阅读而不愿听别人读。

（二）视听觉失调对学前儿童的影响

1. 学习障碍

视听觉失调意味着外界信息获取通道出现障碍，造成有效信息的遗漏，直接影响到儿童的智力发展（注意力、观察力、记忆力、想象力、思维力）和学业表现。最突出的影响是儿童学习上经常遇到各种困难：阅读困难，无法逐行视读出声，跳行漏字，左右反读，翻错页码；手眼不协调，书写潦草，抄错题目，偏旁遗漏，涂色出格；计算粗心，忘记进退位；上课注意力不集中，多动，不能听懂语言或记住指令，别人喊他或对他说话时，他充耳不闻，经常忘记教师布置的作业。视听觉失调的学前儿童不能进行有目的的观察，记忆力差，想象力贫乏，缺乏深入思考的能力。智力水平低，造成儿童学习障碍，制约当前及后续阶段的学业成就。

2. 言语障碍

学前期是儿童语言发展的关键期，视听觉失调导致幼儿在语言准备期对环境中的语音刺激感受不良，以致不会盯着人脸看，不会被成人的发音逗

弄、逗笑，不会对成人的发音回报发音或手舞足蹈，制约"前语言"交流互动模式的建立。视听觉失调导致成人"指着物品教名词，示范动作教动词"等言语教学策略失效，儿童既看不清物品的视觉形象，也听不清物品名称的听觉信息，更无法将视觉形象与某个音节相联系，因此掌握不了新词汇。在之后的日常言语交流中，不管是对话还是独白，都需要视觉、听觉的全程参与，才能及时把握听众的表情，理解情境性言语，记住自己已说过的，及时调整后续的表达技巧。

3. 方向感差

视听觉失调的学前儿童眼睛运动中视觉集中不稳定，视觉移动不平顺，导致其不能很好地将注意力集中于凝视或追视对象，视觉分辨力差，不能很好地区分和把握上下、左右、前后的相对关系。听觉失调的学前儿童也会缺乏对声源的检测、追踪能力，不能进行空间定位。

4. 动作不良

视听觉失调影响视动配合、听动配合，导致学前儿童动作不良，主要表现为手眼协调不良、脚眼协调不良、身体节奏感差、视听注意品质差等。动作不良也会导致需要视动配合的大动作与精细动作发育不良，需要与听动配合的身体节奏运动发育不良，视听注意品质差，学前儿童难以主动转移视听注意，表现为多动、乱动的现象，进而影响到学前儿童的动手操作能力、学习能力、生活能力。

5. 空间安全感低

视听觉失调、安全信息过滤失常导致学前儿童空间安全感低下。视听觉失调的学前儿童不能有效辨别声光刺激的意义，不能判断自己的处境是否安全，长期处于焦虑和警戒状态，空间安全感低。

6. 低自尊心

语言障碍、学习障碍、动作不良、方向感差、安全感低下，必然影响他人对幼儿的评价，导致幼儿自我评价较低。通常，视听觉失调的儿童自尊水平低。

第二节 学前儿童视听觉训练的实操技术

视听觉是可以通过训练提升的,适当的活动、游戏和练习可以刺激和增强学前儿童的视听觉分辨能力,使他们在需要运用视听感统的活动中做出适当的协调反应。

(一) 器材:88轨道

图 5-1 88轨道

玩法:

幼儿用双手握住88轨道的两端,尝试控制小球在轨道中平稳滚动,要求做到小球在轨道内从起点滚动到终点且不掉落。

训练视频

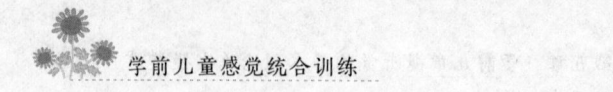

（二）器材：上下转盘

图 5-2 上下转盘

玩法：

幼儿用双手握住上下转盘的两端，尝试控制小球在轨道中平稳滑动，让小球从起点滑动到终点而不掉落，也可以控制小球在轨道中来回滑动且不掉落。

（三）器材：舒尔特方格

18	10	14	22	17
3	11	24	15	8
6	13	12	9	23
2	16	4	7	19
1	20	21	25	5

图 5-3 舒尔特方格

玩法：

幼儿在规定时间内根据训练指导师或家长的要求，按顺序正确指读出数字，时间要求可以越来越短，指读速度要求越来越快。

（四）器材：平衡鱼

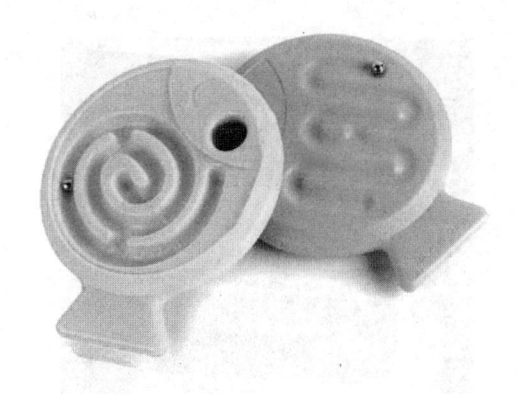

图 5-4　平衡鱼

玩法：

幼儿坐着或者站着，双手或单手握住平衡鱼，在手部小肌肉的控制下使小球在轨道中滑动且不会掉出来。

（五）器材：视觉训练卡

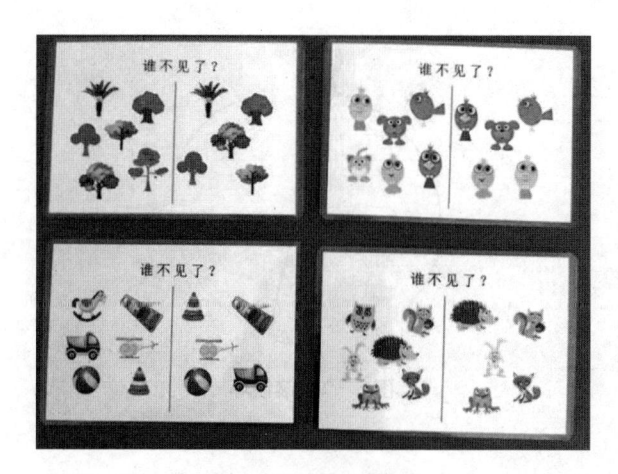

图 5-5　视觉训练卡

玩法：

幼儿观察左右两幅图片，在训练指导师或家长的协助下，正确回答题目。

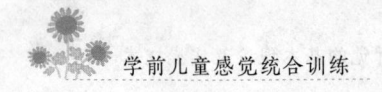

（六）器材：听觉训练卡

图 5-6　听觉训练卡

玩法：

训练指导师或家长读出训练卡上的文字，要求幼儿听完之后回答相关题目。

（七）滚铁环

图 5-7　滚铁环

玩法：

右手持铁环长柄，左手扶铁环在起点处准备，训练指导师或家长发出指令后幼儿放开铁环，右手控制平衡使铁环始终保持在既定路线上直线前进。可以几名幼儿一起比谁的铁环滚得快、滚得远，也可以沿着 S 型线路跑，还可组织小组接力赛。

（八）器材：小象套圈

图 5-8　小象套圈

玩法：

将小象固定在离幼儿 40 厘米的前方，鼓励幼儿将圈套入小象鼻子上，练习几次之后，可以适当增加小象和幼儿之间的距离，再次套圈。

（九）器材：泡沫格子

图 5-9　泡沫格子

玩法：

幼儿按照数字顺序或单数、双数单脚跳格子，并保持身体平衡，脚不着地。

参考文献

[1] 安妮塔·邦迪,雪莱·莱恩.感觉统合理论与实践[M].韩平,艾坤,译.厦门:厦门大学出版社,2022.

[2] 蔡文琴.发育神经生物学[M].北京:科学技术出版社,2007.

[3] 陈文德.感觉统合游戏室[M].北京:九州出版社,2004.

[4] 黄保法.感觉统合与儿童成长[M].上海:少年儿童出版社,2006.

[5] 刘军,肖建忠.感觉统合课程化理论与实践[M].广州:广东高等教育出版社,2018.

[6] 王和平.特殊儿童的感觉统合训练[M].北京:北京大学出版社,2019.

[7] 于频.系统解剖学[M].北京:人民卫生出版社,1997.

[8] 岳明途.感觉统合——开启儿童成长的金钥匙.西安:陕西科学技术出版社,2020.

[9] 张莉娜.学前儿童语言教育[M].北京:清华大学出版社,2025.

[10] 张丽霞.学前儿童发展心理学[M].武汉:华中师范大学出版社,2013.

[11] 张楠.婴幼儿感觉统合教育实操教程[M].上海:复旦大学出版社,2024.

[12] 周衍椒,张镜如.生理学[M].3版.北京:人民卫生出版社,1997.

[13] 左明雪.人体解剖生理学[M].北京:高等教育出版社,2003.

参考文献

[1] 冯凡凡, 梅雪, 李杰. 剪纸: 造型 色彩 图形与文脉[M]. 南京: 东南大学出版社, 2022.

[2] 乔晓光. 中国民间美术[M]. 长沙: 湖南美术出版社, 2005.

[3] 吕品田. 中国民间美术观念[M]. 长沙: 湖南美术出版社, 2008.

[4] 王伯敏. 中国民间剪纸史[M]. 杭州: 中国美术学院出版社, 2006.

[5] 靳之林. 中国民间美术[M]//中国民间美术全集. 济南: 山东教育出版社, 2002, 2003.

[6] 王树村. 中国民间剪纸艺术史话[M]. 天津: 百花文艺出版社, 2010.

[7] 陈竞. 中国民俗剪纸史[M]. 北京: 北京大学出版社, 1997.

[8] 潘鲁生, 唐家路. 民艺学概论[M]. 济南: 山东教育出版社, 2002.

[9] 靳之林. 生命之树[M]. 北京: 中国社会科学出版社, 2002.

[10] 张道一. 张道一文集[M]. 合肥: 安徽教育出版社, 2013.

[11] 靳之林. 抓髻娃娃[M]. 北京: 中国社会科学出版社, 1997.

[12] 王朝闻. 中国民间美术全集[M]. 济南: 山东教育出版社, 2005.